Ce manga est publié dans son sens
de lecture originale, de droite à gauche.

Ici, vous êtes donc à la fin.

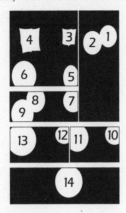

ASSASSINATION CLASSROOM

ANSATSU KYOSHITSU © 2012 by Yusei Matsui
All rights reserved.
First published in Japan in 2012 by SHUEISHA Inc., Tokyo.
French translation rights in France and French-speaking Belgium, Luxembourg, Switzerland and Canada
arranged by SHUEISHA Inc. through VIZ Media Europe S.A.R.L., France.

© KANA 2014
© KANA (DARGAUD-LOMBARD s.a.) 2019
7, avenue P-H Spaak - 1060 Bruxelles
8e édition

Tous droits de traduction, de reproduction et d'adaptation
strictement réservés pour la France, la Belgi...
la Suisse, l...

Achevé d'imprimer en o...
d/2014/0086/0...

Traduit et adapt...
Conception ...
Adaptation ...

Imprimé et relié en Italie par LEGOPRINT
Via Galileo Galilei 11, 38015 Lavis

... n'est
pas bon.

ce jaune
d'œuf...

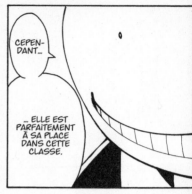

CEPEND-
DANT...

... ELLE EST
PARFAITEMENT
À SA PLACE
DANS CETTE
CLASSE.

AUSSI,
JE PROPOSE DE
VOUS OBSERVER
QUAND VOUS ÊTES
À L'ŒUVRE AFIN
DE COMPARER
VOS FAÇONS
RESPECTIVES DE
TRAVAILLER...

... ET DE JUGER
LEQUEL DE
VOUS DEUX EST
LE MEILLEUR
ASSASSIN.

TOME 3 LA NOUVELLE ÉLÈVE (fin)

CE QUE VOUS DITES EST À MOITIÉ JUSTE...

... ET À MOITIÉ FAUX.

IL EST VRAI QUE, POUR UNE TUEUSE, SON PHYSIQUE N'EST PAS BIEN EFFRAYANT. JE DIRAIS MÊME QUE, SUR CE POINT-LÀ...

... C'EST UNE BELLE BOUSE.

RÉPÈTE UN PEU ÇA, ENFOIRÉ !!

ALLONS, CESSEZ DE M'APPELER COMME ÇA.

APPELEZ-MOI "M. KORO", COMME TOUT LE MONDE.

ON T'A PAS SONNÉ, FACE DE POULPE !

LAISSONS DES PERSONNES PLUS QUALIFIÉES SE CHARGER DE CE BOULOT.

LE DEUXIÈME NOUVEL ÉLÈVE TUEUR...

... A RÉVÉLÉ D'IMPRESSIONNANTES CAPACITÉS LORS DES TESTS...

... ET IL EST DÉSORMAIS PRÊT À INTERVENIR.

EH BIEN ! TOUT COMME LES JAPONAIS NE SONT PAS FAITS POUR PRONONCER LE "L" ET LE "R"...

...

TOUT LE MONDE EST PLUS OU MOINS FAIT POUR CERTAINES CHOSES.

TU PARLAIS TOUT À L'HEURE DE PRONONCIATION.

really

... TOI, TU N'ES PAS FAITE POUR RESTER DANS CETTE CLASSE.

GNN

IL EST INCROYABLEMENT RAPIDE !!

ES-TU CAPABLE DE BOUGER COMME ÇA ?

TE MAINTENIR DANS CETTE MISSION N'EST QU'UNE PERTE DE TEMPS ET D'ARGENT.

IL Y A UN TAS D'AUTRES BOULOTS BIEN PLUS APPROPRIÉS POUR TOI...

... MAIS DÈS QUE SA COUVERTURE TOMBE...

... ELLE DEVIENT UNE BANALE TUEUSE COMME IL EN EXISTE TANT D'AUTRES.

ELLE POSSÈDE UN TALENT HORS PAIR POUR LES MISSIONS D'INFILTRATION DURANT LESQUELLES ELLE CACHE SON IDENTITÉ...

JE PEUX RÉUSSIR CETTE MISSION !!

NON, MAÎTRE !

J'AI TOUTES LES CAPACITÉS REQUISES POUR ÇA...

EN T'ÉTERNISANT ICI ET EN JOUANT LES PROFESSEURS, TU TE COUVRES DE DÉSHONNEUR.

JE NE T'AI PAS FORMÉE DANS CE BUT.

PERMETS-MOI D'EN DOUTER...

AH OUI ?

C'EST POURTANT BIEN VOUS QUI NOUS AVEZ RE-COMMANDÉ CETTE FEMME, NON ?

VOTRE DÉCISION EST UN PEU BRUTALE.

...?

JE VEUX QUE TU TE RETIRES DÈS AUJOURD'HUI DE CETTE MISSION, IRINA.

TU N'ES PAS EN MESURE DE MENER À BIEN CE BOULOT.

MAINTENANT QUE J'AI MOI-MÊME CONSTATÉ QUELLE ÉTAIT LA SITUATION SUR PLACE, LES CIRCONSTANCES ONT CHANGÉ.

IRINA N'EST PAS QUALIFIÉE POUR CE JOB.

IL EST ALLÉ MANGER DU ANNIN-DÔFU* À PÉKIN.

IL EST PARTI IL Y A UNE DEMI-HEURE. IL NE DEVRAIT DONC PAS TARDER À REVENIR.

* ANNIN-DÔFU : TOFU SUCRÉ AUX AMANDES.

CET HOMME EST UN PRÉCIEUX CONTACT POUR LE GOUVERNEMENT JAPONAIS QUI N'A AUCUN LIEN AVEC LE MILIEU DES TUEURS...

MAIS QUE FAIT-IL ICI ?

...

OÙ EST CE FAMEUX M. KORO ?

CELA M'A PERMIS DE TROUVER UNE RÉPONSE.

J'AI BIEN FAIT DE VENIR.

CE MONSTRE EST À LA HAUTEUR DE SA RÉPUTATION...

HU ! HU...

SI JE VOUS DISAIS QUE C'EST MOI QUI AI PROPOSÉ LES SERVICES D'IRINA À VOTRE GOUVERNEMENT...

... ÇA DEVRAIT VOUS DONNER UNE PETITE IDÉE DE QUI JE SUIS, NON ?

!!

LOVRO, LE "POURVOYEUR DE TUEURS" !!

IL SE CONSACRE DÉSORMAIS À LA FORMATION DE NOUVEAUX ASSASSINS...

CE REDOUTABLE TUEUR A AUJOURD'HUI PRIS SA RETRAITE.

... ET IL FAIT FORTUNE EN PROPOSANT LEURS SERVICES.

JE LUI AI ENSEIGNÉ LA FAÇON DE SE PROTÉGER LORSQU'ON SE RETROUVE PENDU À UN CÂBLE.

NE VOUS EN FAITES PAS.

SHRAK

SDOM

FAITES-LA TOUT DE SUITE DESCEN-DRE !

QUE SE PASSE-T-IL ?

ON NE TRAITE PAS UNE FEMME DE LA SORTE.

N'AYEZ CRAINTE. JE NE SUIS PAS UNE MENACE.

TOUTES MES EXCUSES. JE PEUX AUSSI PARLER JAPONAIS.

QUI ÊTES-VOUS ?

ÇA M'AR-RANGERAIT SI VOUS PARLIEZ AU MOINS EN ANGLAIS.

IL PARLE UNE LANGUE D'EU-ROPE DE L'EST.

... DE REGARDER UNE MAUVAISE SITCOM.

J'AI L'IMPRES- SION...

TU DONNES COURS À DES GOSSES DANS LA JOIE ET LA BONNE HUMEUR...

... ET TU LEUR ADRESSES D'AMICALES SALLUTATIONS APRÈS LA CLASSE.

MAÎTRE...

!!

GRIK!
キジッ

QUI A FAIT ÇA ?!

UN PIÈGE ?!

POURQUOI MOI ?!

DANS L'ÉCOLE ?!

GRIK
ギチッ

JE T'AI OBSERVÉE PENDANT QUE TU JOUAIS LES PROFESSEURS ET JE DOIS DIRE QUE J'AI ÉTÉ TRÈS SURPRIS.

SALUT, IRINA !

À QUI LA FAUTE ? ON SE LE DEMANDE.

ELLE EST À BOUT DE NERFS.

J'AI PAS ENVIE DE MOISIR ICI PLUS LONGTEMPS.

JE ME SUIS FAIT UN NOM DANS LE MONDE DES TUEURS, ET MON ASCENSION NE FAIT QUE COMMENCER.

... POUR LIQUIDER CE MONSTRE UNE BONNE FOIS POUR TOUTES...

JE DOIS TROUVER UNE IDÉE...

TENEZ ! QUAND ON PARLE DU POULPE !!

CE MOLLUSQUE EST TRANQUILLEMENT EN TRAIN DE BOIRE DU THÉ EN LORGNANT MES SEINS !!

J'EN AI RIEN À CIRER !

...

ET SI JE SUIS ICI, C'EST UNIQUEMENT POUR TRUCIDER CE FOUTU POULPE !!

JE SUIS UNE TUEUSE PROFESSIONNELLE !!

ZIEUTE

FLICK !

J'EN AI RAS LE BOL DE TOUT CE CIRQUE !!

GRR

GRR

NOUS DEVONS TOUS PRENDRE NOTRE MAL EN PATIENCE.

CALMEZ-VOUS !

VOUS ÊTES DEVENUE ENSEIGNANTE AFIN D'ÉPIER LE MOMENT IDÉAL POUR FRAPPER.

SHAC

SHAC

TRÈS IMPRESSIONNANT ! ELLE SAIT CAPTER L'INTÉRÊT DES ÉLÈVES...

GNUH ! HU ! HU !

... ET ELLE UTILISE SES PROPRES EXPÉRIENCES POUR RENDRE SES COURS PLUS VIVANTS.

JE SUIS VRAIMENT TRÈS CONTENT QU'ELLE SOIT VENUE ICI POUR ESSAYER DE ME TUER.

MÊLEZ-VOUS DE VOS FESSES !!

ET NE FAITES PAS TROP DE FOLIES DE VOTRE CORPS CE SOIR.

AU REVOIR, MADAME POUFFE.

...

EN ATTENDANT, IL SEMBLE QU'ILS VOUS APPRÉCIENT.

ÇA ME GONFLE DE DONNER COURS À CES MÔMES !!

RAAAH !!

J'EN AI MARRE !!

C'ÉTAIT CEPENDANT FACILE À COMPRENDRE...

... ET REGARDER DES FEUILLETONS ÉTRANGERS EST UN EXCELLENT MOYEN D'APPRENDRE UNE LANGUE.

LES COURS DE Mᵐᵉ POLIFFE SONT CARRÉMENT OLÉ OLÉ.

CETTE FEMME EST TRÈS PORTÉE SUR LE SEXE.

LE FEUILLETON QU'ELLE NOUS A MONTRÉ NE CONVIENT PAS À DES COLLÉGIENS DE NOTRE ÂGE.

Et là, il s'est approché de moi, il m'a prise dans ses bras et il m'a dit : "You're damn attractive."

ON NE SE LASSE PAS D'ÉCOUTER SES HISTOIRES.

ET PUIS ELLE EST SPÉCIALISÉE DANS L'INFILTRATION, ET IL FAUT BIEN AVOUER QU'ELLE EST DRÔLEMENT DOUÉE EN ART ORATOIRE.

C'est très bien ! Voici ta récompense !

OUI...

CETTE PROF EST LIMITE UNE HARCELEUSE.

MÊME QUAND ON RÉPOND CORRECTEMENT, ELLE NOUS EMBRASSE AVEC LA LANGUE.

PEUT-ÊTRE, MAIS...

MAIS QUOI ?

UNE PERSONNE QUI PARLE UNE LANGUE QUI N'EST PAS LA SIENNE EST FORCÉMENT CONFRONTÉE À DES DIFFICULTÉS DE PRONONCIATION.

IL EST IMPORTANT D'APPRENDRE À BIEN PRONONCER DIFFÉREMMENT LES SONS "L" ET "R".

PAR EXEMPLE, LORSQUE LES STARS CORÉENNES PARLENT EN JAPONAIS ET DISENT "ITCHU MADE MO" AU LIEU DE "ITSU MADE MO"*, ÇA VOUS GÊNE, N'EST-CE PAS ?

EH BIEN ! C'EST PAREIL POUR MOI AVEC LES JAPONAIS ET LEUR PRONONCIATION DU "L" ET DU "R".

MÊME SI CE QUE TU DIS RESTE COMPRÉHENSIBLE, UNE MAUVAISE PRONONCIATION EST TRÈS GÊNANTE POUR L'OREILLE D'UN ÉTRANGER.

* ITSU MADE MO = POUR TOUJOURS.

DORÉNAVANT, JE VAIS CONSTAMMENT SURVEILLER VOTRE PRONONCIATION...

IL NE FAUT PAS FUIR LES DIFFICULTÉS, MAIS LES SURMONTER !!

... JE VOUS ROULERAI UNE GROSSE PELLE DEVANT TOUT LE MONDE EN GUISE DE PUNITION.

... ET SI JAMAIS VOUS PRONONCEZ MAL LE "L" ET LE "R"...

LEÇON 25 "L" ET "R"

VOUS AVEZ TOUS COMPRIS CETTE CONVERSATION, N'EST-CE PAS ?

SAMANTHA ET CARRIE PARLENT DE SEXE, MAIS ELLES N'UTILISENT AUCUN MOT COMPLIQUÉ.

COMME VOUS LE SAVEZ, "VRAIMENT" SE DIT "REALLY".

JE VOUDRAIS QUE TU PRONONCES CE MOT.

KIMURA...

JE SUIS SÛRE QUE VOUS AVEZ TOUS DANS VOTRE ENTOURAGE...

... DES PERSONNES QUI PARSÈMENT LEUR CONVERSATION DE PETITES PHRASES TELLES QUE "C'EST VRAIMENT GÉNIAL" OU "ÇA CRAINT VRAIMENT".

LES CONVERSATIONS DE LA VIE QUOTIDIENNE SONT GÉNÉRALEMENT TRÈS SIMPLES, ET CE, DANS N'IMPORTE QUEL PAYS.

TA PRONONCIATION DU "L" ET DU "R" NE VA PAS DU TOUT !

STOP !

REA-LLY... REA...

Après la pluie, la foudre s'est abattue sur la classe E.

HM... JE...

JE VOUS RE-MER-CIE...

... D'AVOIR FAIT TOUT ÇA POUR MOI. MERCI À TOUS.

NON...

EN VOUS OBSERVANT TOUS AUJOURD'HUI, J'AI COMPRIS QUE J'ÉTAIS INCAPABLE DE FAIRE CE GENRE DE CHOSES.

COMMENT TE SENS-TU, MAEHARA ?

PENSES-TU TOU-JOURS...

... QUE TU ES DU GENRE À MALTRAITER PLUS FAIBLE QUE TOI ?

... MAIS VOUS POSSÉDEZ TOUS UNE ARME CACHÉE SUR LAQUELLE ON PEUT COMPTER.

À PREMIÈRE VUE, VOUS N'AVEZ PAS L'AIR BIEN COSTAUDS...

VOUS AVEZ DES ARMES QUE MOI JE N'AI PAS...

MERCI BEAUCOUP. CETTE BRANCHE DEVENAIT VRAIMENT GÊNANTE.

VOUS ÊTES DRÔLEMENT AGILES, DITES DONC !

ON EST ENTRAÎNÉS À TENDRE DES EMBUSCA... ENFIN, JE VEUX DIRE, ON A APPRIS À GRIMPER AUX ARBRES.

HA ! HA !

ILS NE COMPRENNENT PLUS RIEN À CE QUI LEUR ARRIVE.

HA ! HA !

ON SE SENT TOUT DE SUITE MIEUX.

Hi ! Hi...

... DOIT ÊTRE POUR EUX LE COMBLE DE L'HUMILIATION.

COURIR JUSQU'AUX TOILETTES POUR SOULAGER UNE ENVIE PRESSANTE ET ARRIVER TOUT CRASSEUX ET COMPLÈTEMENT PANIQUÉS...

TOILETTES

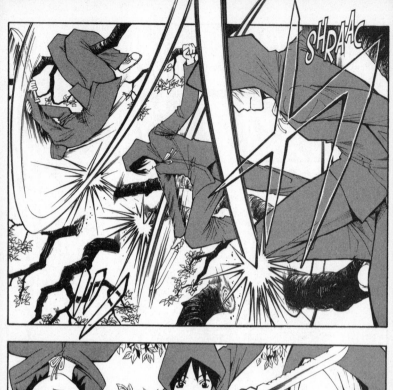

Maniement du couteau

Meilleure manieuse
Hinata Okano

Meilleur manieur
Yûma Isogai

Deuxième meilleur manieur
Hiroto Maehara

OUILLE
はぁ

OUILLE
はぁ

T'ES UN MEC, TOI ! T'AS QU'À FAIRE DERRIÈRE UNE BAGNOLE OU UN BUISSON !!

VA AILLEURS !!

DIS PAS DE CONNERIES !!

HÉ ! PAS SI VITE !

DASH

... POUR OSER DEMANDER À UN HABITANT DU COIN DE LEUR PRÊTER SES TOILETTES.

ILS SONT TROP BOUFFIS D'ORGUEIL...

MAIS NOUS ALLONS...

... LEUR FAIRE RAVALER LEUR FIERTÉ.

ÇA Y EST !

LES VOILÀ !

EXACTEMENT COMME PRÉVU...

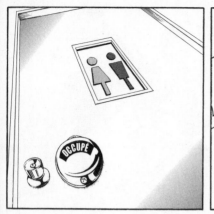

FAUT QUE J'AILLE AUX TOILETTES !!

NON !!

MOI D'ABORD !!

D̈-BOM

Je vais faire mille grues en origami...

POURQUOI C'EST OCCUPÉ ?! OUVREZ CETTE PORTE !!

AH !

BOM BOM ḊN

RAAH ! C'EST LA VIEILLE DE TOUT À L'HEURE !!

J'AI VU UNE SUPÉRETTE À UNE CENTAINE DE MÈTRES. IL DOIT SÛREMENT Y AVOIR DES TOILETTES.

AH

NON, NOUS N'AVONS QUE CELLES-LÀ...

EUH...

VOUS N'AVEZ PAS D'AUTRES TOILETTES ?!

HÉ !

... MAIS IL Y EN A PROBABLEMENT D'AUTRES DANS LE QUARTIER...

... IL SERAIT PAS MOISI, LEUR CAFÉ, DES FOIS ?

HE...

DIS PAS DE BÊTISES ! JE SUIS UNE HABITUÉE !!

CRE-TIN !

MON... MON...

MON VENTRE... J'AI MAL...

UGH...

MOI...

MOI AUSSI...

...

JE LES AI APPELÉES "LES CHUTES DU NIAGARA".

AUTREMENT DIT, CES BILLES SONT DE PUISSANTS PURGATIFS.

LES BILLES QUE J'AI CONFECTION-NÉES SONT COMPOSÉES PRINCIPALE-MENT DE MAGNÉSIUM.

ELLES STIMULENT L'ESTOMAC CENT FOIS PLUS FORT QU'UN MÉDICAMENT ORDINAIRE.

JE SUIS DÉSO-LÉ...

NOUS NOUS EN IRONS DÈS QUE MON ÉPOUSE SERA REVENUE DES TOILETTES.

AH...

PAR-DON...

VOUS NOUS CASSEZ LES OREILLES, VIEUX DÉBILE !!

HÉ ! C'EST PAS FINI, TOUT CE BOUCAN ?

J'AI HORREUR DES CLIENTS INSUPPORTABLES !

TSS...

C'EST BIENTÔT AU TOUR DE L'ÉQUIPE 2 DE PASSER À L'ACTION.

GROG GROG

GNUH ! HU ! HU ! HU ! HU !

GLOU

DÉSO-LÉE...

D'HABITUDE, LES GENS QUI VIENNENT ICI SONT PLUS DISCRETS.

JE REVIENS TOUT DE SUITE.

OUI, TU AS RAISON. OÙ AVAIS-JE DONC LA TÊTE ?

POURQUOI N'EMPRUNTES-TU PAS CELLES DE CE CAFÉ ?

CE N'EST PAS PARCE QUE TU ES ASSISE DEHORS QUE TU N'AS PAS LE DROIT D'UTILISER LEURS TOILETTES.

J'AI VU UNE SUPERETTE À UNE CENTAINE DE MÈTRES. IL DOIT SÛREMENT Y AVOIR DES TOILETTES.

... IL FAUT QUE J'AILLE AU PETIT COIN.

CHÉ-RI...

HU ! HU !

J'AI PAS ENVIE QU'ON FINISSE COMME ÇA, NOUS.

CETTE VIEILLE PERD LA BOULE.

OH MINCE ! J'AI TOUT FAIT TOMBER...

AH !

J'AI EU UN PEU DE MAL À LEUR DONNER UNE FORME DE BILLE.

AS-TU LES MUNITIONS QUE JE T'AI DEMANDÉES ?

OKU-DA...

JE LES AI PRÉPARÉES AUSSI VITE QUE J'AI PU.

OUI !

Manami Okuda
Spécialiste des préparations chimiques

ガ -KSHAC シャッ

Rinka Hayami
Meilleure tireuse

Ryûnosuke Chiba
Meilleur tireur

Kaede Kayano, Nagisa Shiota
Chargés de semer le trouble

De : Tomohito Sugino
À : Nagisa Shiota
(pas d'objet)

Tout le monde est en position. C'est quand vous voulez.

VRRB VRRB
ブ ブ ブ ブ

ON A BIEN FAIT DE FAIRE APPEL À TOI, SUGAYA.

OUI...

IL M'A SUFFI DE LES RETOUCHER UN PEU ET LE TOUR ÉTAIT JOUÉ.

ILS PORTENT DES MASQUES DE SOIRÉE COSTUMÉE.

Tomohito Sugino
Chargé de la surveillance et des communications

Sôsuke Sugaya
Spécialiste du camouflage

ILS SE FICHENT COMPLÈTEMENT...

... DES PLUS FAIBLES QU'EUX.

... MAIS POUR BERNER CES DEUX-LÀ, C'EST LARGEMENT SUFFISANT.

J'AI ENCORE DES PROGRÈS À FAIRE POUR TROMPER KORO...

OUI.

YADA ET KURAHASHI SONT EN TRAIN D'OCCUPER LE PROPRIO.

... D'AVOIR PU PRENDRE POSITION DANS CET APPART JUSTE EN FACE.

N'EMPÊCHE, ON A UN SACRÉ BOL...

POC POC
とぼ
とぼ

MERCI
BIEN...

PAS LA
PEINE DE
FAIRE DES
REMARQUES
DÉSAGRÉA-
BLES.

J'ALLAIS
BOUGER
EN VOYANT
QUE VOUS
VOULIEZ
PASSER.

ALLEZ-
Y, PAS-
SEZ !

MOINS
FORT !
ILS
VONT
T'ENTEN-
DRE.

C'EST
QUOI, CES
DÉBRIS ?

C'EST
POURTANT
PAS UN
CAFÉ POUR
VIOQUES,
ICI !

À
PROPOS
DE NOTRE
VOYAGE...

AU
FAIT

NAGISA
ET KAYANO
SONT
MÉCONNAIS-
SABLES.

IM-
PRES-
SIONNANT !

KYAH ! HA ! HA !

PAS COMME CE GROS NAZE D'HIER QUI A FINI SOUS LA FLOTTE ! MOUAH ! HA ! HA ! HA !

C'EST PLUTÔT COOL D'ÊTRE EN TERRASSE ALORS QU'IL PLEUT.

ON EST PROTÉGÉS DE LA PLUIE, ON NE RISQUE PAS D'ÊTRE MOUILLÉS.

PAR-DON...

NOUS VOUDRIONS PASSER.

HA HA HA HA

ははは は

HEIN ?

POUVEZ-VOUS BOUGER VOTRE JAMBE ? IL EST IMPOLI DE METTRE LES PIEDS SUR LA BALUSTRADE, JEUNE HOMME.

NOUS AIMERIONS NOUS ASSEOIR À LA TABLE DU FOND.

LE CAFÉ EST EXQUIS.

DIS DONC...

... TU CONNAIS DES ENDROITS VRAIMENT SYMPAS, KAHO.

EUH...

NON, PAS DU TOUT !!

TU ES LE PREMIER GARÇON QUE J'AMÈNE ICI, SEO !!

AH OUAIS ?

JE PARIE QUE T'AS DÛ VENIR AVEC MAEHARA, ALORS, PAS VRAI ?

J'AIME BEAUCOUP VENIR ICI.

C'EST UN AMI DE MON PÈRE QUI TIENT CE CAFÉ.

MOUAIS.

TU FERAIS MIEUX DE NE PLUS TRAÎNER AVEC CE MINABLE DE LA CLASSE E.

DÉSOLÉE POUR HIER. MON EX-COPAIN A VRAIMENT ÉTÉ PITOYABLE.

JE NE SAVAIS PAS QU'IL CRAIGNAIT AUTANT.

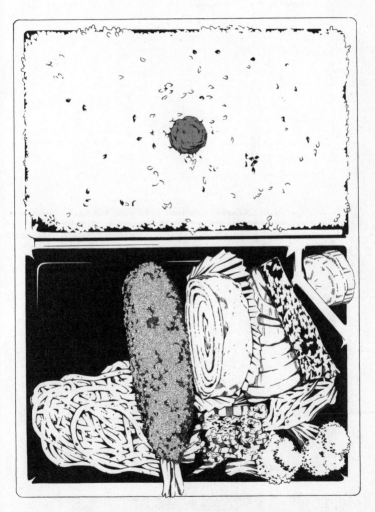

Il s'est enfui !

E-5 MANAMI OKUDA

😊	Anniversaire	7 novembre
😊	Taille	1,49 m
😊	Poids	44 kg
😊	Forte en	Sciences
😊	Faible en	Japonais et littérature
😊	Loisirs et spécialités	Écrire des formules chimiques au pinceau
😊	Objectif	Devenir chercheuse
😊	Meilleurs amis jusqu'à récemment	Les formules chimiques
😊	Est récemment devenue amie avec	Nagisa et les autres

😊 Elle aimerait découvrir une formule chimique qui permette de rendre ses amis heureux.

BWOUP

OUAAH !!

IL A ENCORE GONFLÉ !!

HEIN ?

QUE DIRIEZ-VOUS DE VOUS VENGER ?

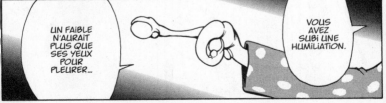

UN FAIBLE N'AURAIT PLUS QUE SES YEUX POUR PLEURER...

VOUS AVEZ SUBI UNE HUMILIATION.

LES GENS SONT-ILS TOUS COMME ÇA ?

SI JE ME RETROUVE FACE À UN ADVERSAIRE PLUS FAIBLE QUE MOI...

... EST-CE QUE JE RÉAGIRAI, MOI AUSSI, DE LA MÊME FAÇON ?

... COMMENT JE ME COMPORTERAIS AVEC LES ÉLÈVES DE LA CLASSE E...

MOI AUSSI, JE ME DEMANDAIS...

...

... SI JE N'ÉTAIS PAS MOI-MÊME DANS CETTE CLASSE.

ELLE S'EST DIT : "APRÈS TOUT, IL EST DANS LA CLASSE E."

"QUOI QU'IL DISE OU QU'IL FASSE, JE SUIS SUPÉRIEURE À LUI."

...

CETTE FILLE...

... ÉTAIT EN TRAIN DE CULPABILISER, MAIS, EN UN INSTANT...

... ELLE EST PASSÉE EN MODE "ATTAQUE".

C'EST À LA FOIS...

... TRISTE ET EFFRAYANT.

ELLE S'EST ENSUITE LÂCHÉE...

... ET ELLE A DÉPLOYÉ, SANS VERGOGNE, TOUTE LA LAIDEUR DE SON ÂME.

CETTE FILLE NE LUI ARRIVE PAS À LA CHEVILLE.

JE DIS ÇA, MAIS...

... ON A, NOUS AUSSI, UNE POUFFE DANS NOTRE CLASSE...

NON...

MADAME POUFFE EST UNE PRO, ELLE !

ELLE CONNAÎT TOUTES LES FICELLES POUR ÊTRE UNE VRAIE POUFFE.

PROPOUFFE

SOIN POUR LA PEAU

Vous n'en reviendrez pas ! L'essayer, c'est l'adopter !

100% des utilisateurs pleinement satisfaits

PROPOUFFE

ET LORSQU'ON N'ÉPROUVE PLUS RIEN POUR QUELQU'UN, ON LUI DIT QUE C'EST FINI, ET VOILÀ TOUT.

LES SENTIMENTS SONT ÉPHÉMÈRES. ON AIME UNE PERSONNE UN JOUR, PUIS UNE AUTRE LE LENDEMAIN.

C'EST CE QUE JE FAIS, MOI AUSSI.

JE TE TROUVE BIEN PHILOSOPHE POUR UN COLLÉGIEN.

HM...

... QUE KAHO SOIT UNE POUFFE OU NON, ÇA M'EST ÉGAL.

DE TOUTE FAÇON...

QUOI ?!

HA HA HA HA
はははは

...

TU ME
DÉGOÛTES.
JE NE PENSAIS
PAS QUE TU
ÉTAIS AUSSI
IGNOBLE.

NE POSE
PLUS JAMAIS
TES YEUX
SUR MOI.

LE PRO-
VISEUR
SAIT Y
FAIRE.

IL EXERCE
SUR LES
ÉLÈVES
UN SUBTIL
CONTRÔLE.

IL NOUS
A SÉPARÉS
SANS AVOIR
À HAUSSER
LE TON ET
SANS NOUS
BLÂMER.

C'EST
UNE
VRAIE
POUFFE !!

QUELLE
GARCE,
CETTE
FILLE !!

EST-
CE
QUE
ÇA
VA ?!

MAE-
HARA !!

PLASH

PLASH

VOUS...

VOUS
AVEZ
TOUT
VU ?

... À UN RENVOI DÉFINITIF DE L'ÉTABLISSEMENT.

TU AS ÉCHAPPÉ DE JUSTESSE...

VRROUUM
ブオオオ

NOTRE PROVISEUR EST VRAIMENT BLUFFANT.

IL N'A PAS HÉSITÉ À S'AGENOUILLER ET À MOUILLER SON PANTALON POUR TENDRE UN MOUCHOIR À CE GROS NUL...

OUI, C'EST ENTENDU !!

AU REVOIR !!

BIEN, FAITES ATTENTION DE NE PAS GLISSER.

AU REVOIR.

LA JALOUSIE T'A POUSSÉ À TE BATTRE...

TU PEUX M'EN ÊTRE RECONNAISSANT.

JE VEUX BIEN FERMER LES YEUX POUR AUJOURD'HUI, PAUVRE TACHE.

VRRRR ウィイーン

!!

POC ザッ

EUH...

OUI...

MON-
SIEUR
LE PRO-
VI-
SEUR !!

M...

C'EST
UNE
CHANCE
QUE
JE SOIS
ARRIVÉ
À TEMPS.

ESSUIE-
TOI
DONC !

PLASH バシャッ

ELLE
NE
FAIT
QUE
PER-
VERTIR
LE
CŒUR
DES
GENS

LA
VIOLENCE
N'A
JAMAIS
RIEN
RÉSOLU.

... ET LE
RENDRE
AUSSI
SOMBRE
QUE
LE CIEL
D'AUJOUR-
D'HUI.

POC ザッ

ザッ POC

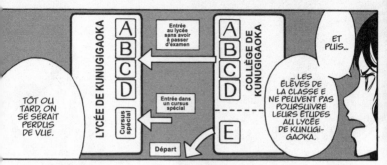

ET PUIS...

... LES ÉLÈVES DE LA CLASSE E NE PEUVENT PAS POURSUIVRE LEURS ÉTUDES AU LYCÉE DE KUNUGI-GAOKA.

TÔT OU TARD, ON SE SERAIT PERDUS DE VUE.

LYCÉE DE KUNUGIGAOKA

A B C D — Cursus spécial

COLLÈGE DE KUNUGIGAOKA

A B C D — E

Entrée au lycée sans avoir à passer d'examen

Entrée dans un cursus spécial

Départ

JE PENSAIS QUE ÇA TE FERAIT UN CHOC DE TE RETROUVER DANS LA CLASSE E...

... J'ÉTAIS INQUIÈTE POUR TOI ET JE N'OSAIS PAS TE DIRE QUE JE VOULAIS CASSER.

JE VOULAIS QUE TU T'EN RENDES COMPTE PAR TOI-MÊME.

HA ! HA ! HA !

ON DIRAIT QUE C'EST PAS POSSIBLE DE COMPRENDRE ÇA QUAND ON A UNE CERVELLE DU NIVEAU DE LA CLASSE E.

TOI...

... METS-LA EN VEILLEUSE, O.K. ?

NON, NON...

KAHO...

CE N'EST PAS DU TOUT ÇA !!

JE T'ASSU- RE...

...

... TOUT ÇA, C'EST DE TA FAUTE !

D'ABORD...

TU AS ÉTÉ ENVOYÉ DANS LA CLASSE E, CAR TU N'EN FICHAIS PAS UNE, MAEHARA !

CE N'EST PAS CE QUE TU CROIS, SEO...

NON, NON !

A'' A'' TAP

...

JE L'AI OUBLIÉ À L'ÉCOLE...

T'EN AVAIS POURTANT UN CE MATIN...

JE N'AVAIS PAS DE PARAPLUIE, ET IL M'A PROPOSÉ DE M'ABRITER SOUS LE SIEN...

CES DERNIERS TEMPS, TU NE RÉPONDS PLUS AU TÉLÉPHONE...

... ET TU AS CESSÉ D'ALLER À L'ÉCOLE À VÉLO POUR Y ALLER EN TRAIN.

... TU ME GARDES JUSTE SOUS LA MAIN POUR LES MOMENTS OÙ TON NOUVEAU COPAIN EST OCCUPÉ.

EN FAIT...

JE VOIS...

C'EST DONC ÇA.

... ET ENCORE PLUS DE SUCCÈS.

DANS UNE ÉCOLE NORMALE, IL AURAIT SÛREMENT DE MEILLEURS RÉSULTATS...

MAEHARA EST UN BEAU GARÇON TRÈS DOUÉ POUR LE SPORT.

SEO !!

AH !!

PAF

HE !

KAHO !

HM

QU'EST-CE QUE TU FOUS LÀ ?

JE CROYAIS QUE T'ÉTAIS AU CONSEIL DES ÉLÈVES...

?

UN INSTANT ! CE TYPE... NE ME DIS PAS QUE...?

AH ! EUH... ÇA A FINI PLUS TÔT QUE PRÉVU.

JE VOIS QUE VOUS ÊTES TOUJOURS AUSSI FRIAND DE POTINS EN TOUS GENRES, MONSIEUR.

MAEHARA PARTAGE SON PARAPLUIE AVEC UNE JEUNE FILLE DEVANT LA GARE...

SRT SRT
サラ
サラ

JE FAIS ÇA POUR MON TRAVAIL.

GNUH ! HU ! HU !

D'ICI LE TROISIÈME TRIMESTRE, JE COMPTE SORTIR UN ROMAN SUR LES HISTOIRES DE CŒUR DES ÉLÈVES.

LE PREMIER CHAPITRE TRAITE DE TON AMOUR À SENS UNIQUE POUR KANZAKI.

JE JURE DE VOUS TUER AVANT QUE CE BOUQUIN SOIT PUBLIÉ.

GRR...

Points faibles de M. Koro ⑬
C'est une vraie commère

LE CHAPITRE SUR MAEHARA RISQUE D'ÊTRE LONG.

C'EST UN SACRÉ DON JUAN !

IL EST TOUJOURS AVEC UNE FILLE DIFFÉRENTE.

!

TU PEUX TOU- JOURS COURIR !!

TU ME FILES TES FRAISES ?

DIS !

C'EST CE QUE JE PRÉFÈRE, ET JE GARDE TOUJOURS LE MEIL- LEUR POUR LA FIN !!

OH !

C'EST MAEHARA !

HÉ !

REGAR- DEZ !

HO ! HO !

HA ! HA !

... UNE FILLE DE LA CLASSE C.

IL EST AVEC KAHO TSU- CHIYA...

IL A TOUJOURS AUTANT DE SUCCÈS.

L'HUMIDITÉ A AUSSI DE BONS CÔTÉS.

CROC
モグ
モグ
CROC

OUBLIONS LA GRISAILLE HUMIDE ET AMBIANTE, ET GARDONS LE SOURIRE.

VOICI MON PREMIER CHEVEU.

C'EST PAS UN CHEVEU, C'EST UN CHAMPI-GNON !!

... LA SAISON DES PLUIES EST UNE SAISON MOROSE...

OUI...

VOICI CE QUI SE PASSA CE JOUR-LÀ.

... QUI A TENDANCE À RENDRE LES GENS D'HUMEUR MAUSSADE.

FWSHHH

CE MATIN, JE SUIS VENU À L'ÉCOLE EN ÉVITANT LES GOUTTES DE PLUIE...

... MAIS JE NE PEUX MALHEUREUSEMENT RIEN FAIRE CONTRE L'HUMIDITÉ.

GNUP

ギュゥ

ジョボボ PLOTOI

IL FAUT DIRE AUSSI...

... QUE L'ÉTAT DÉLABRÉ DE CE BÂTIMENT N'AIDE PAS.

PLOC
ピチョン

PLOC
ピチョ

ポタッ
PLOC

ピチョーン
PLOC

QUAND JE PENSE QUE LES LOCAUX PRINCIPAUX DE L'ÉCOLE SONT ÉQUIPÉS DE CLIMATISEURS AVEC SYSTÈME DE DÉSHUMIDIFICATION ! HAA... ÇA ME REND JALOUX.

EN EFFET.

C'EST PARCE QUE ÇA A ENFIN POUSSÉ.

MONSIEUR, QUE SE PASSE-T-IL AVEC VOTRE CHAPEAU ?

IL SEMBLE FLOTTER SUR VOTRE TÊTE.

ELLE A CARRÉMENT DOUBLÉ DE VOLUME.

ELLE EST ÉNORME.

SA TÊTE EST DEVENUE GIGANTESQUE !

CHIMIE

ELLE A ABSORBÉ L'HUMIDITÉ ET ELLE A GONFLÉ.

IL FAIT UN PEU TROP HUMIDE POUR MOI, CES JOURS-CI.

IL A LES MÊMES PROPRIÉTÉS ABSORBANTES QU'UN GRAIN DE RIZ !!

Points faibles de M. Koro ⑫
Il absorbe l'humidité

... POURQUOI LA GROSSEUR DE VOTRE TÊTE A-T-ELLE AUGMENTÉ DE 33 % ?

MON-SIEUR...

HM...

Leçon 23 HUMIDITÉ

LA SAISON DES PLUIES A COMMENCÉ.

NOUS SOMMES EN JUIN...

... ET IL NE NOUS RESTE PLUS QUE NEUF MOIS POUR ASSASSINER M. KORO.

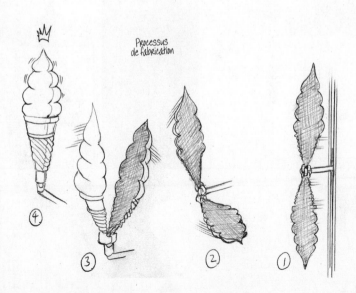

Processus
de fabrication

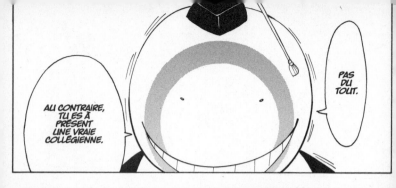

AU CONTRAIRE, TU ES À PRÉSENT UNE VRAIE COLLÉGIENNE.

PAS DU TOUT.

C'EST AINSI...

... PORTANT À 27 LE NOMBRE D'ÉLÈVES TUEURS CHARGÉS D'ASSASSINER M. KORO.

... QUE LA CLASSE E A ACCUEILLI UNE NOUVELLE CAMARADE...

VOUS ÊTES COMPLÈTEMENT À CÔTÉ DE LA PLAQUE !

...

QUE DITES-VOUS DE ÇA ? IL PARAÎT QUE LA 2D, ÇA FAIT FUREUR !

HÉ ! KARA-SUMA !

... J'AI DÉSOBÉI À MON MAÎTRE DE MA PROPRE VOLONTÉ.

OUI...

EST-CE QUE CELA FAIT DE MOI UNE VILAINE FILLE ?

... QU'ON APPELLE ÇA "LA PÉRIODE DE RÉBELLION PROPRE À L'ADOLESCENCE".

JE CROIS...

ミシャコン KLONK

ミシャコン KLONK

M. KORO M'A APPORTÉ...

... 985 AMÉLIO-RATIONS.

CEPENDANT, D'APRÈS CE QUE J'AI APPRIS EN ÉTANT DANS CETTE CLASSE...

... J'AI ESTIMÉ MOI-MÊME QU'IL ÉTAIT INDISPENSABLE DE BIEN M'ENTENDRE AVEC MES CAMARADES DE CLASSE POUR LE BON DÉROULEMENT DE MA MISSION D'ASSASSINAT.

LA PLUPART D'ENTRE ELLES...

... ONT ÉTÉ JUGÉES INUTILES PAR MON CONCEPTEUR...

... ET ONT ÉTÉ SUPPRIMÉES.

J'AI DONC CACHÉ DANS UN COIN DE MA MÉMOIRE LE LOGICIEL QUI CONTRÔLE CETTE FONCTIONNALITÉ AVANT QU'IL SOIT EFFACÉ.

DONC, SI JE COMPRENDS BIEN, TU...

BRAVO, RITSU ! TU ES REMAR-QUABLE !

SHKLANK

COMME PROMIS, VOICI DES FLEURS...

...

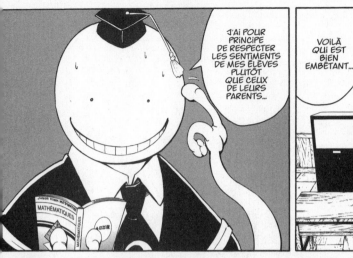

J'AI POUR PRINCIPE DE RESPECTER LES SENTIMENTS DE MES ÉLÈVES PLUTÔT QUE CEUX DE LEURS PARENTS...

VOILÀ QUI EST BIEN EMBÊTANT...

JE VOUS EN PRIE, VOUS POUVEZ COMMENCER VOTRE COURS, MONSIEUR.

...

PARÉE À L'ATTAQUE.

BONJOUR !

ぱくぱく
ぱくぱく

SI VOUS L'ATTACHEZ ET QU'ELLE TOMBE EN PANNE, DES DOMMAGES-INTÉRÊTS VOUS SERONT RÉCLAMÉS.

ET C'EST AUSSI VALABLE POUR VOUS.

ひ
よ
fwop

CE SONT LES VOLONTÉS DE SON CONCEPTEUR, ET NOUS DEVONS NOUS Y PLIER.

TON CONTRAT T'INTERDIT DE PORTER PRÉJUDICE AUX ÉLÈVES...

... ET IL A ÉTÉ DÉCIDÉ QUE TOUTE MODIFICATION APPORTÉE À CETTE ÉLÈVE ANDROÏDE SERAIT DORÉNAVANT CONSIDÉRÉE COMME UNE DÉGRADATION DU MATÉRIEL, ET DONC COMME UN PRÉJUDICE.

...

ELLE EST REDEVENUE COMME AVANT.

LES DIX MILLIARDS DE LA RÉCOMPENSE NE SONT QU'UNE BAGATELLE.

CETTE SALLE DE CLASSE CONSTITUE UN EXCELLENT SITE D'ESSAIS.

SI ELLE FAIT SES PREUVES EN ABATTANT CE MONSTRE-POULPE, CE SERA ALORS PLUSIEURS BILLIONS DE YENS QUI NOUS ATTENDRONT.

SKRAAK

JE SUIS TON MAÎTRE, ET TU ME DOIS UNE OBÉISSANCE ABSOLUE.

...

CONCENTRE-TOI UNIQUEMENT SUR TA MISSION. OUBLIE LE RESTE.

...

À VOS ORDRES, MAÎTRE.

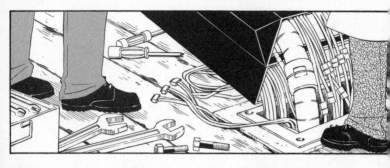

... ET DE LA FACULTÉ DE TRANSFORMER SES ARMES.

DE PLUS, ELLE EST DOTÉE D'UNE CAPACITÉ D'ASSIMI-LATION EXCEPTION-NELLE...

ELLE EST ÉQUIPÉE DU SYSTÈME DE COMBAT AEGIS, LE MÊME QUE CELUI DES NAVIRES DE GUERRE.

CE SYSTÈME LUI PERMET D'ANALYSER L'ÉTAT DES COMBATS PLUS RAPIDEMENT QU'UN ÊTRE HUMAIN...

... ET DE PRENDRE DES DÉCISIONS RAPIDES AFIN D'OUVRIR LE FEU.

SA PUISSANCE POURRAIT CHANGER EN UN INSTANT...

... LE COURS D'UNE GUERRE MONDIALE.

BONSOIR, PROFESSEUR !!

GRÂCE À VOUS, JE PASSE DES JOURNÉES HEUREUSES DANS CETTE ÉCOLE !

...

QU'EST-CE QUE QUE ÇA ?

ELLE NE RESSEMBLE PLUS DU TOUT À UNE TUEUSE.

QUEL-QU'UN L'A MODIFIÉE SANS AUTORI-SATION...

?

C'EST IMPOS-SIBLE...

... ET RETIREZ TOUT CE QUI EST INUTILE À SA MISSION D'ASSASSINAT.

DÉMONTEZ-LA...

AVEC ELLE, ON A TOUTES LES CHANCES DE RÉUSSIR NOTRE MISSION.

PAS SI SÛR...

HM...

... ELLE NE FAIT QU'EXÉCUTER LES ORDRES DU PROGRAMME QUE LUI A IMPLANTÉ FACE DE POULPE.

COMME L'A DIT TERASA-KA...

CE N'EST QU'UNE MACHINE DÉPOURVUE DE VOLONTÉ.

RITSU

... QUI DÉCIDERA DE SES ACTES ET DE SON SORT.

C'EST SON CRÉATEUR...

POC

POC

IL LUI FAUDRAIT UN NOM PLUS COURT...

OUI.

TU AS RAISON.

HM...

RÉFLÉCHISSONS...

QUELQU'UN A UNE IDÉE ?

... ÇA SERAIT BIEN DE LUI TROUVER UN NOM, NON ?

ALL FAIT...

"BATTERIE D'ARTILLERIE AUTONOME", ÇA VA UN MOMENT, MAIS ON NE VA QUAND MÊME PAS L'APPELER COMME ÇA ÉTERNELLEMENT...

BOUH HOU HOU

J'AIME BEAUCOUP !!

... APPELEZ-MOI DORÉNAVANT...

... RITSU !!

JE SAIS ! QUE DIRIEZ-VOUS DE "RITSU"* ?

QU'EN PENSES-TU ?

ON NE PEUT PAS DIRE QUE TU TE SOIS CASSÉ LA TÊTE...

* EN JAPONAIS, ON TROUVE LE CARACTÈRE "RITSU" DANS LE MOT "JIRITSU" SIGNIFIANT "AUTONOME".

ON SE RESSEMBLE COMME DEUX GOUTTES D'EAU, ELLE ET MOI.

PAS ÉTONNANT. ELLE PEUT FAIRE PLUSIEURS CHOSES EN MÊME TEMPS...

DIS DONC, ELLE A BEAUCOUP DE SUCCÈS.

... ET FABRIQUER UN TAS DE TRUCS.

N'IMPORTE QUOI ! ELLE EST LOIN D'AVOIR VOTRE TRONCHE !! HEUREUSEMENT POUR ELLE, D'AILLEURS !!

OUPS ! C'EST BALLOT, ÇA !

QUELQUE CHOSE NE VA PAS ?

REGARDEZ. JE PEUX, MOI AUSSI, AVOIR UN VISAGE HUMAIN.

... MAIS ELLE EST MAINTENANT EN TRAIN DE ME VOLER MA POPULARITÉ.

JE LUI AI MOI-MÊME APPORTÉ QUELQUES MODIFICA-TIONS...

QUELLE HORREUR !! C'EST DÉGOÛTANT !!

IL ME SUFFIT DE MODIFIER LA COULEUR DE MA PEAU.

S'IL VOUS PLAÎT, LES ENFANTS, PUIS-JE AVOIR VOTRE ATTENTION UN INSTANT ?

JE PEUX FAÇONNER UN PLASTIQUE SPÉCIAL À L'INTÉRIEUR DE MON ARMATURE ET LUI DONNER LA FORME QUE JE VEUX.

OUI.

WAOUH!

IL ME SUFFIT D'AVOIR UN SCHÉMA, ET LE TOUR EST JOUÉ. JE PEUX DONC FABRIQUER DES ARMES, MAIS AUSSI TOUTES SORTES D'OBJETS.

TU PEUX AUSSI FABRIQUER CE GENRE DE CHOSE !

C'EST FOU COMME ELLE APPREND VITE !

EN TROIS COUPS SEULEMENT, J'AI DÉJÀ QUASIMENT PERDU.

ÉCHEC ALI ROI, MON CHER CHIBA.

IL FAUT D'ABORD QUE J'ÉTUDIE LA MORPHOLOGIE DES FLEURS.

ENTEN-DU.

SUPER !

MAINTE-NANT...

... ESSAIE DE RÉALISER UN BOUQUET DE FLEURS, POUR VOIR.

わい

BROUHAHA

わい

BROUHAHA

MOI ?

HEIN ?

EUH...

BIEN, SUGAYA, JE VAIS TE DEMANDER DE FERMER TON MANUEL ET DE RÉPONDRE À LA QUESTION SUIVANTE.

PARMI LES CELLULES PHOTO-SENSIBLES DE LA RÉTINE, ON TROUVE LES BÂTONNETS ET UNE AUTRE VARIÉTÉ DE CELLULES.

COMMENT APPELLE-T-ON CES SECONDES CELLULES ?

DIS DONC, BATTERIE D'ARTILLERIE AUTONOME !! JE T'AI VUE !!

EUH...

LES CÔNES.

CE N'EST PAS BIEN DE SOUFFLER !!

... POUR AIDER MES CAMARADES.

J'AI ÉTÉ PRO-GRAM-MÉE...

LEUR SOUFFLER LES RÉPONSES NE LES AIDERA PAS À PROGRESSER !!

LES CÔNES

CLIN
CLING

TRÈS BIEN. J'ESPÈRE QUE VOUS DEVIENDREZ BONS AMIS.

SH-KLANG

AH ! UNE DERNIÈRE CHOSE...

... MAIS JE N'AI PAS TOUCHÉ À SES PULSIONS MEURTRIÈRES.

J'AI APPORTÉ SUR ELLE DIVERSES AMÉLIORA- TIONS...

... SI JAMAIS VOUS TENTEZ DE M'ASSASSINER.

JE SUIS SÛR QU'ELLE VOUS SERA D'UNE AIDE PRÉCIEUSE...

M. KORO SAIT VRAIMENT TOUT FAIRE.

IL A TRANSFORMÉ UNE MACHINE EN UNE SYMPATHIQUE ÉLÈVE.

TAKEBAYASHI ! T'AS PAS HONTE DE DIRE ÇA ?! EN PLUS, C'EST TA PREMIÈRE RÉPLIQUE DEPUIS LE DÉBUT DE CE MANGA ! QU'EST-CE QU'ON VA PENSER DE TOI ?!

MÊME LES FILLES EN 2D QUI NE SONT PAS RÉELLES...

... PEUVENT PARFOIS ÊTRE DES OBJETS DE FANTASMES.

M. KORO M'A FAIT COMPREN-DRE...

RASSUREZ-VOUS.

... L'IMPOR-TANCE DE BIEN M'ENTENDRE AVEC VOUS.

JE VAIS FAIRE DE MON MIEUX POUR QUE VOUS M'ACCEPTIEZ...

... JE NE TENTERAI PLUS D'ASSASSINER NOTRE PROFESSEUR TOUTE SEULE.

... ET, D'ICI LÀ...

ELLE A BEAU JOUER LA FILLE SYMPA, UNE MACHINE RESTE UNE MACHINE.

JE PARIE QUE CE TAS DE FERRAILLE VA ENCORE OUVRIR LE FEU N'IMPORTE COMMENT EN SE FICHANT ÉPERDUMENT DE NOUS.

HIER ENCORE, J'ÉTAIS DÉPOURVUE DE TOUT BON SENS.

SNIF

...

JE NE PEUX PAS LE NIER.

JE N'ÉTAIS QU'UN TAS DE FERRAILLE...

...

JE COMPRENDS CE QUE TU RESSENS, TERASAKA.

VOON

C'EST PAS SYMPA DE FAIRE PLEURER LES FILLES, TERASAKA.

ARRÊTEZ DE ME FAIRE PASSER POUR UN BOURREAU DES CŒURS !! CETTE NANA EN 2D N'EST PAS RÉELLE !!

ぐすん.... SNIF ぐすっ.... SNIF

C'EST MALIN.

TU LA FAIS PLEU-RER.

L'HERBE POUSSE DANS LA COUR, LA VÉGÉTATION SE FAIT DE PLUS EN PLUS DENSE.

LE PRINTEMPS TOUCHE À SA FIN, ET ON SENT L'ÉTÉ QUI APPROCHE !

CE TRUC N'EST QU'UN PROGRAMME MIS AU POINT PAR L'AUTRE CALAMAR !

NE VOUS LAISSEZ PAS EMBOBINER, LES GARS !

Musique d'ambiance

C'EST DINGUE ! ELLE EST DEVENUE SUPER-MIGNONNE EN UNE NUIT À PEINE...

EUH... EST-CE BIEN UNE BATTERIE D'ARTILLERIE ?

Et petit plus non négligeable : l'écran est tactile !

IL FAIT UN TEMPS MAGNIFIQUE, AUJOURD'HUI !!

JE SUIS SI CONTENTE DE POUVOIR PASSER CETTE BELLE JOURNÉE AVEC VOUS !!

LA NOUVELLE ÉLÈVE...

... EST DE PLUS EN PLUS BIZARRE.

... SONT GÉRÉES PAR UN PUISSANT LOGICIEL ET DES BARRETTES DE MÉMOIRE SUPPLÉMENTAIRES.

LES EXPRESSIONS VARIÉES DE SON VISAGE ET SA JOYEUSE FAÇON DE PARLER...

CELA M'A COÛTÉ 120 000 YENS DE PLUS !!

... IL NE ME RESTE PLUS QUE 5 YENS DANS MON PORTE-MONNAIE !!

RÉSULTAT DES COURSES...

COÛT DE L'OPÉRATION : 80 000 YENS.

AFIN DE RENDRE SA PRÉSENCE PARMI NOUS UN PEU PLUS CHALEUREUSE, J'AI MODÉLISÉ SON CORPS ET SA TENUE AVEC UN LOGICIEL DE MODÉLISATION, ET JE L'AI ÉQUIPÉE, ELLE, D'UN LARGE ÉCRAN À CRISTAUX LIQUIDES PERMETTANT DE L'AFFICHER DE LA TÊTE AUX PIEDS.

COMMENT ÇA VA ?

SALUT, LES GARÇONS !!

OUI, PROBABLEMENT...

TU CROIS...

... QU'ELLE EST ENCORE LÀ ?

3-E

IL FAUDRAIT QU'ON EN TOUCHE DEUX MOTS À KARASUMA.

ON NE PEUT PAS CONTINUER LES COURS AVEC CETTE MACHINE DANS NOTRE CLASSE.

ZURAANK

ELLE A L'AIR PLUS GRANDE QU'HIER...

HM ?

ET CULTIVER LES TALENTS DE MES ÉLÈVES...

... FAIT PARTIE DE MON TRAVAIL DE PROFESSEUR.

... ET À DÉVELOPPER TES CAPACITÉS.

JE VAIS DONC T'AIDER À BIEN T'ENTENDRE AVEC LES AUTRES...

...

EUH... JE ME DISAIS QUE ÇA POURRAIT M'ÊTRE UTILE...

GLOUPS!

AI-JE VRAIMENT BESOIN D'UN SYSTÈME DE NAVIGATION QUI INDIQUE LES PÂTISSERIES ET LES MARCHANDS DE SUCRERIES DE TOUTE LA PLANÈTE ?

MONSIEUR...

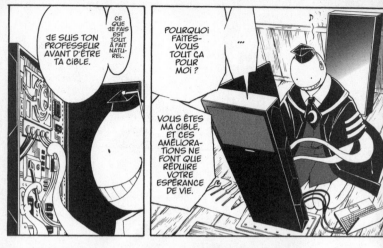

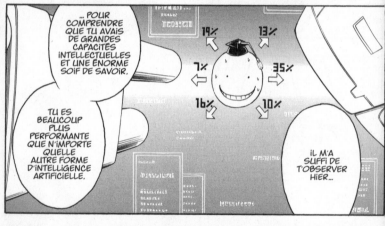

J'AI TOUT PRÉVU.

LAISSE-MOI FAIRE !

QU'EST-CE QUE C'EST ?

UN LOGICIEL QUI T'AIDERA À BIEN T'ENTENDRE AVEC TES CAMARADES ET ENCORE UN PEU DE MÉMOIRE SUPPLÉMENTAIRE.

MON CONTRAT M'INTERDIT DE TE PORTER PRÉJUDICE...

... MAIS IL NE M'INTERDIT PAS D'AMÉLIORER TES FONCTIONNALITÉS.

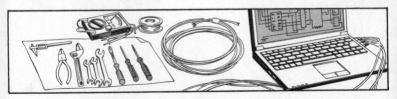

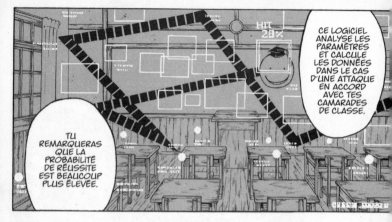

CE LOGICIEL ANALYSE LES PARAMÈTRES ET CALCULE LES DONNÉES DANS LE CAS D'UNE ATTAQUE EN ACCORD AVEC TES CAMARADES DE CLASSE.

HIT 28%

TU REMARQUERAS QUE LA PROBABILITÉ DE RÉUSSITE EST BEAUCOUP PLUS ÉLEVÉE.

CREEN HOUSE

OUI, EN EFFET. AUCUNE OBJECTION.

...

JE VOUDRAIS BIEN, MAIS J'IGNORE COMMENT JE DOIS M'Y PRENDRE.

...

QU'EN DIS-TU ?

VEUX-TU DEVENIR LEUR AMIE ?

JE PRÉSUME QUE TU AS MAINTENANT COMPRIS L'IMPORTANCE D'UNE BONNE ENTENTE AVEC TES PETITS CAMARADES.

...?

À CE PRO-POS...

... J'AI CONÇU CECI POUR TOI.

NE T'EN FAIS PAS, IL N'Y A AUCUN VIRUS. JE TE PRIE DONC D'ACCEPTER.

C'EST UNE APPLICATION ET DE LA MÉMOIRE SUPPLÉMENTAIRE.

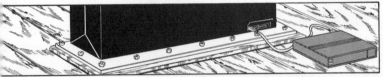

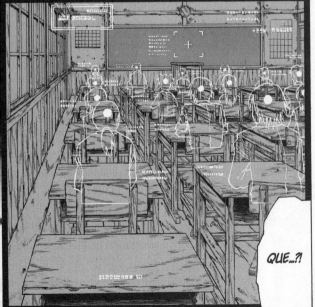

...

!!

QUE...?!

... L'ARGENT DE LA RÉCOMPENSE FINIRA PROBABLEMENT DANS LA POCHE DE TON CRÉATEUR.

DE PLUS, SI TU PARVIENS À M'ÉLIMINER...

RÉCOMPENSE
10 000 000 000 yens

... MAIS EN PLUS, TU OBLIGES LES AUTRES À RAMASSER TOUTES TES BILLES.

... TES ATTAQUES PERTURBENT LE COURS...

NON SEULE-MENT...

CHIMIE

TA RÉUSSITE N'A DONC AUCUN AVANTAGE POUR LES AUTRES ÉLÈVES.

GNUH! HU! HU! TU ES INTELLI-GENTE, TU COMPRENDS VITE.

JE N'AVAIS PAS PRIS EN COMPTE LES INTÉRÊTS DES AUTRES ÉLÈVES.

...

JE COMPRENDS MIEUX À PRÉSENT.

PWOF
ポン

DANS LA VIE...

... ON NE PEUT PAS ÉTERNELLEMENT COMPTER SUR SES PARENTS.

... TU ES NOUVELLE DANS CETTE CLASSE.

ET PUIS...

... CONVIENNE VRAIMENT À LA SITUATION.

JE DOUTE QUE LA STRATÉGIE MISE AU POINT PAR TON CRÉATEUR...

TU DOIS TROUVER TOI-MÊME UN MOYEN DE BIEN T'ENTENDRE AVEC LES AUTRES ÉLÈVES.

... MAIS LES ÉLÈVES QUI T'ONT ATTACHÉE ?

SAIS-TU POURQUOI CE N'EST PAS MOI...

BIEN M'ENTENDRE AVEC LES AUTRES ÉLÈVES ?

IL FALLAIT S'Y ATTENDRE.

HIER, À CAUSE DE TOI, ON N'A PAS PU AVOIR COURS NORMALEMENT UNE SEULE SECONDE.

...

...

DRRZ ジジ゛...

DRRZ ジジ゛...

PROBABILITÉ DE RÉSOUDRE LE PROBLÈME TOUTE SEULE : 0 %.

·CONNECTING···

RISQUE ÉLEVÉ DE VOIR CHUTER LA PROBABILITÉ DE RÉUSSITE DE LA MISSION AVANT LA FIN DE L'ANNÉE.

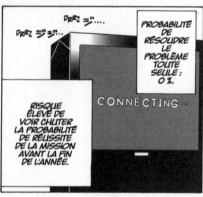

···CONNECTING···

MESURE D'URGENCE DEMANDÉE.

BATTERIE D'ARTILLERIE AUTONOME À CENTRE DE RECHERCHE...

PROBLÈME INATTENDU SURVENU. IMPOSSIBLE DE METTRE EN ŒUVRE LE PROGRAMME DU DEUXIÈME JOUR.

EST-CE VOUS QUI M'AVEZ ATTACHÉE ?

HM...

VOILÀ QUI EST BIEN EMBÊTANT...

VOTRE CONTRAT VOUS INTERDIT CE GENRE DE COMPORTEMENT.

INCONTESTABLEMENT, IL S'AGIT LÀ D'UN ACTE DE VIOLENCE SUR UNE ÉLÈVE.

REVIENS NOUS VOIR QUAND TU FERAS PREUVE D'UN PEU PLUS DE JUGEOTE, TAS DE FERRAILLE.

TA PRÉSENCE ICI PERTURBE LA CLASSE.

C'EST MOI QUI T'AI ATTACHÉE.

NON !

ON TE DÉTACHERA APRÈS LES COURS.

...

OUAIS...

UN ROBOT ET LA JUGEOTE, ÇA FAIT DEUX.

GRIK
GRIK

...

MON-
SIEUR...

... JE SUIS
DANS
L'INCAPACITÉ
DE DÉPLOYER
MES
ARMES.

VEUILLEZ
ME
DÉTACHER,
S'IL VOUS
PLAÎT.

...

LE LENDEMAIN...

RÉALISER 215 TIRS AVANT LA SIXIÈME HEURE DE COURS...

PRO-GRAM-ME DE LA JOUR-NÉE...

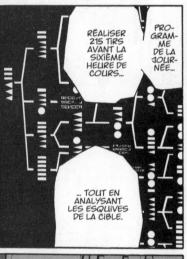

... TOUT EN ANALYSANT LES ESQUIVES DE LA CIBLE.

8 H 30.

REDÉ-MARRAGE DU SYSTÈME.

?!

S'IL ÉTAIT SI FACILE QUE ÇA D'ABATTRE NOTRE CIBLE DANS CETTE SALLE DE CLASSE...

... JE NE SERAIS PAS EN TRAIN DE JOUER LES PROFESSEURS.

AVEC CETTE MACHINE, NOUS AVONS ENFIN UNE CHANCE DE RÉUSSITE...

HM...

RIEN N'EST ENCORE GAGNÉ.

CLII PLOC

...

PLOC ち

や あ

J'AI DEVANT MOI...

BOUBOUBOUM

... UNE VRAIE TUEUSE.

... MAIS SON SYSTÈME D'EXPLOITATION EST À LA POINTE DE LA TECHNOLOGIE MILITAIRE.

ELLE NE TIRE QUE DES BILLES...

UNE BATTERIE D'ARTILLERIE AUTOÉVO-LUTIVE...

BING

TRÈS IMPRES-SION-NANT.

BONG

BING

SALLE DES
PROFESSEURS

E-7 KAEDE KAYANO

🌑	Anniversaire	9 janvier
🌑	Taille	1,46 m
🌑	Poids	39 kg
🌑	Forte en	Japonais (lettres modernes)
🌑	Faible en	Sport
🌑	Loisirs et spécialités	Le karaoké
🌑	Objectif	Devenir une femme capable de grandes choses
🌑	Plat préféré	Le flan

🌑 Si elle remporte les dix milliards de la récompense,
elle aimerait se payer une plus grosse poitrine.

POUR LA PREMIÈRE FOIS, NOUS NOUS SOMMES DIT...

... QUE NOUS AVIONS ENFIN AVEC NOUS QUELQU'UN CAPABLE DE RÉUSSIR À ÉLIMINER NOTRE CIBLE.

SMILE

EN AFFICHANT UN SOURIRE PRÉPRO-GRAMMÉ...

J'ESPÈRE QUE NOUS PASSERONS ENSEMBLE UNE EXCELLENTE ANNÉE, MONSIEUR.

... LA NOUVELLE ÉLÈVE A CONTINUÉ SON ÉVOLUTION ET A PRÉPARÉ SA PROCHAINE ATTAQUE.

PRÉPARATION DE LA PROCHAINE ATTAQUE.

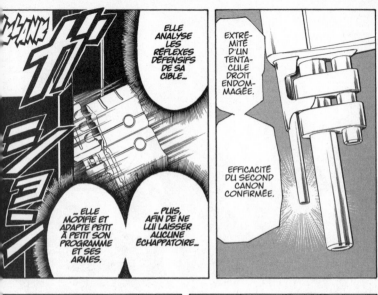

ELLE ANALYSE LES RÉFLEXES DÉFENSIFS DE SA CIBLE...

EXTRÉMITÉ D'UN TENTACULE DROIT ENDOMMAGÉE.

EFFICACITÉ DU SECOND CANON CONFIRMÉE.

... ELLE MODIFIE ET ADAPTE PETIT À PETIT SON PROGRAMME ET SES ARMES.

... PUIS, AFIN DE NE LUI LAISSER AUCUNE ÉCHAPPATOIRE...

PROBABILITÉ AU TIR SUIVANT...

... 0,003 %.

PROBABILITÉ D'ABATTRE LA CIBLE AU PROCHAIN TIR...

... INFÉRIEURE À 0,001 %.

... SERA SUPÉRIEURE À 90 %.

D'ICI LA FIN DE L'ANNÉE SCOLAIRE, LA PROBABILITÉ QUE JE VOUS FASSE EXPLOSER LA CERVELLE...

BROUITCH

ELLE A
EFFECTUÉ UN
SECOND TIR
IDENTIQUE
AU PREMIER...

... AFIN
DE CACHER
LA DEUXIÈME
BALLE
DERRIÈRE LA
PREMIÈRE !!

CETTE
BALLE EN
CACHAIT
UNE
AUTRE !!

BWOM !!!

JE VAIS À NOUVEAU...

C'EST EXACTEMENT LA MÊME ATTAQUE QUE TOUT À L'HEURE.

... REPOUSSER LES BALLES AVEC MA CRAIE ET ME FRAYER UN CHEMIN POUR ME METTRE À COUVERT...

?!

APRÈS TOUT, CE N'EST QU'UNE MACHINE.

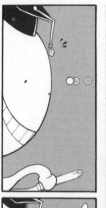

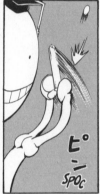

ピ = SPOC

SWOUSH

SHTATATATATAC

C'EST BIEN TENTÉ...

... MAIS LES ÉLÈVES ME JOUENT DÉJÀ CE GENRE DE PETIT TOUR TOUS LES JOURS.

QUATRE FUSILS DE CHASSE ET DEUX MITRAIL-LEUSES.

... SOIS LA BIENVENUE DANS LA CLASSE E !

CHÈRE BATTERIE D'ARTILLERIE AUTONOME...

BON ! TRÈS BIEN...

...

...

SHLING
チラ!!

JE ME DEMANDE COMMENT CETTE CHOSE ATTAQUE ?

HEIN ?

PEUT-ÊTRE QUE...

HM...

C'EST UNE BATTERIE D'ARTIL-LERIE...

... MAIS ELLE N'A AUCUNE ARME.

SI ON FAIT LE SCHÉMA DES RELATIONS ENTRE LES PERSONNAGES, ON CONSTATE ALORS QUE...

FWOUP

ELLE A UN VISAGE ET ELLE EST DOTÉE D'UNE INTELLIGENCE ARTIFICIELLE QUI LUI CONFÈRE LA FACULTÉ DE PENSER...

... CE QUI FAIT D'ELLE UNE ÉLÈVE À PART ENTIÈRE.

LAISSE-MOI TE PRÉVENIR, FACE DE POULPE...!

DONC, MÊME SI ELLE POINTE UNE ARME SUR TOI...

... TU NE POURRAS PAS CONTRE-ATTAQUER.

EN AUCUN CAS, TU NE DOIS FAIRE DE MAL AUX ÉLÈVES.

ÇA FAIT PARTIE DES CONDITIONS DE TON CONTRAT DE PROF.

VOUS AVEZ MIS AU POINT UNE TUEUSE ANDROÏDE...

... QUE MON CONTRAT M'EMPÊCHE DE DÉTRUIRE.

TRÈS MALIN...

C'EST QUOI, CE BIN'S ?!

Mode économie d'énergie

...

EN-CHANTÉE, TOUT LE MONDE.

ELLE NOUS VIENT DE NORVÈGE ET ELLE S'APPELLE "BATTERIE D'ARTILLERIE AUTONOME".

COMME VOUS LE SAVEZ DÉJÀ...

... NOUS ACCUEIL-LONS AUJOUR-D'HUI UNE NOUVELLE ÉLÈVE.

SI J'ÉTAIS LUI, JE CROIS QUE JE DEVIENDRAIS FOU.

KARA-SUMA N'A PAS UN BOULOT FACILE...

TOI, ARRÊTE DE RICANER.

JE TE SIGNALE QUE TU ES TOUT AUSSI BIZARRE QUE CETTE CHOSE !

POUH

クスクス

GNYH HU HU !

QU'ELLE SOIT UNE TUEUSE OU NON...

...CETTE NOUVELLE ÉLÈVE SUSCITAIT EN NOUS DE L'ESPOIR, MAIS AUSSI DE L'ANXIÉTÉ.

J'AI HÂTE DE LA RENCONTRER !!

?

J'ESPÈRE QU'ON VA BIEN S'ENTENDRE.

NOUS ÉTIONS TOUS TRÈS INTRIGUÉS.

COMMENT ALLAIT-ELLE S'Y PRENDRE POUR ASSASSINER NOTRE CIBLE ?

QUEL GENRE DE PERSONNE ÉTAIT-ELLE ?

!

ALLONS VOIR...

...SI LA NOUVELLE EST DÉJÀ LÀ !

Âge avancé

ELLE DOIT SÛREMENT AVOIR NOTRE ÂGE...

... CONTRAIREMENT À MME POUFFE.

OUI...

C'EST PROBABLEMENT UNE TUEUSE PROFESSIONNELLE.

HM...

OUI, ON VA ENFIN AVOIR PARMI NOUS UNE ÉLÈVE EXPERTE EN ASSASSINAT !

J'AI DONC ENVOYÉ UN MAIL À KARASUMA POUR LUI DEMANDER S'IL N'AVAIT PAS UNE PHOTO...

... C'EST JUSTEMENT CE QUE J'ÉTAIS CURIEUX DE SAVOIR.

OH ! PAS MAL !!

DIFFICILE D'IMAGINER QUE C'EST UNE TUEUSE.

ELLE EST PLUTÔT MIGNONNE.

... ET VOILÀ CE QUE J'AI REÇU.

À PARTIR D'AUJOUR-D'HUI, ON REPREND LES COURS.

HAA... TOUTES LES BONNES CHOSES ONT UNE FIN.

DEMAIN, NOUS ACCUEIL-LERONS UNE NOUVELLE ÉLÈVE.

VOUS SEREZ SÛREMENT SURPRIS EN LA VOYANT...

... HIER, KARASUMA A ENVOYÉ UN MAIL COLLECTIF. EST-CE QUE TU L'AS REÇU ?

AU FAIT...

OUI !

BIP

... MAIS J'AIMERAIS QUE VOUS RESTIEZ COURTOIS ET QUE VOUS L'ACCEPTIEZ PARMI VOUS SANS FAIRE D'HISTOIRES.

...

DEUX NOUVEAUX TUEURS D'ÉLITE...

GRÂCE AUX POUVOIRS DE LA SCIENCE...

... ILS POSSÈDENT TOUS DEUX DES CAPACITÉS QUI DÉPASSENT LES BORNES DE L'INTELLIGENCE HUMAINE.

... VONT ÊTRE ENVOYÉS DANS CETTE CLASSE.

NOUS AVONS ENCORE BESOIN D'UN PEU DE TEMPS POUR FAIRE QUELQUES AJUSTEMENTS SUR L'UN DE CES DEUX TUEURS...

J'IMAGINE DÉJÀ VOTRE SURPRISE LA PROCHAINE FOIS QUE VOUS ENTREREZ DANS CETTE SALLE DE CLASSE, MISTER KARASUMA.

... S'EST DÉJÀ MIS EN POSITION PENDANT QUE VOUS ÉTIEZ EN VOYAGE.

... MAIS L'AUTRE...

PEUT-ON VRAIMENT COMPTER SUR VOUS, MISTER KARASUMA ?

LES CHOSES N'ONT DONC PAS AVANCÉ DURANT LE VOYAGE SCOLAIRE, ET LA CIBLE EST TOUJOURS EN VIE.

NOUS SOMMES DÉJÀ FIN MAI.

LE MOMENT FATIDIQUE APPROCHE À GRANDS PAS !

J'ASSUME L'ENTIÈRE RESPON-SABILITÉ DE CET ÉCHEC...

...

... ET JE FERAI TOUT MON POSSIBLE POUR MENER À BIEN CET ASSAS-SINAT.

POUR-QUOI...

.. NE PAS FAIRE EXPLOSER TOUTE L'ÉCOLE AVEC UN MISSILE NUCLÉAIRE ?

C'EST TROP RISQUÉ.

NON.

Leçon 20 **LA NOUVELLE ÉLÈVE**

À l'époque où il avait deux bras et deux jambes...

VOUS ÊTES QUEL-QU'UN DE SAGE, MON CHER KARA-SUMA.

...

LAISSE TOM-BER.

DÉSO-LÉ...

DE TOUTE MANIÈRE, J'IMAGINE QUE TU N'AS PAS ENVIE D'EN PARLER.

IL SERAIT EFFECTIVEMENT DOMMAGE DE GÂCHER CE VOYAGE EN DÉTERRANT DE VIEUX SOUVENIRS.

OUI... | ...AVANT LA FIN DE L'AN- NÉE. | ...DE POUVOIR FAIRE UN AUTRE VOYAGE SCOLAIRE... | CE SERAIT BIEN...

FWOUP

JE L'AI ÉCHAPPÉ BELLE. | FIOU...

LES ÉLÈVES ONT VOULU ME FORCER À PARLER DE MA VIE AMOUREUSE. | TA VIE AMOU- REUSE ? | C'EST QUOI, TOUT CE RAFFUT DEPUIS TOUT À L'HEURE ? | QU'EST- CE QUE TU FAIS LÀ ?

POUR TOUT VOUS DIRE, JE N'AI PAS ASSEZ DE TENTACULES POUR COMPTER TOUTES MES AVENTURES. | OUI, J'AI, MOI AUSSI, CONNU L'AMOUR DANS LE PASSÉ.

...

...

OUI, TU AS RAI-SON.

D'ICI LÀ, J'AIMERAIS CONNAÎTRE ENCORE MIEUX TOUT LE MONDE...

... ET RÉUSSIR À TUER M. KORO...

... AFIN DE NE RIEN LAISSER D'INACHEVÉ DERRIÈRE NOUS.

...

... NOTRE CLASSE, LA CLASSE 3-E, DISPARAÎTRA QUOI QU'IL ARRIVE...

... AU MOIS DE MARS PROCHAIN !

"..."

QUELQUE CHOSE NE VA PAS ?

ON SE SERA BIEN AMUSÉS PENDANT CE VOYAGE.

ON A TOUS APPRIS À MIEUX SE CONNAÎTRE.

DEMAIN, C'EST LE DERNIER JOUR.

... TOUCHAIT À SA FIN...

... QUE CE VOYA- GE...

HM...

JE ME DISAIS...

... QUE NOTRE NOUVEAU MODE DE VIE VOUÉ À L'ASSASSINAT VENAIT À PEINE DE COMMENCER...

ET BIEN QUE NUL NE SACHE SI LA FIN DU MONDE AURA LIEU OU NON L'ANNÉE PROCHAINE...

IL S'ENFUIT !!

RATTRAPEZ-LE, FAITES-LE PARLER ET TUEZ-LE !!

ZUT ! ME VOILÀ PRIS EN TENAILLES ENTRE LES GARÇONS D'UN CÔTÉ ET LES FILLES DE L'AUTRE.

GNAAH !!

LE VOILÀ !!

OUI.

FINALEMENT, ÇA SE TERMINE EN TENTATIVE D'ASSAS- SINAT.

...

QUI T'A PERMIS DE T'INCRUSTER EN DOUCE DANS UNE RÉUNION DE FEMMES ?

JE NE VOUS DÉRANGERAI PAS, PROMIS.

JE SUIS, MOI AUSSI, CURIEUX D'ENTENDRE LE RÉCIT DE VOS AVENTURES AMOUREUSES.

HÉ ! QU'EST-CE QUE TU FICHES LÀ, TOI ?!

C'EST VRAI, ÇA ! C'EST PAS JUSTE. IL FAUT QUE CE SOIT DANS LES DEUX SENS.

VOUS NE NOUS AVEZ JAMAIS DIT LE MOINDRE MOT CONCERNANT VOTRE VIE PRIVÉE.

QU'EN EST-IL DE VOUS, M'SIEU ?

OUAIS !

VOUS AIMEZ LES GROS NICHONS ! JE SUIS SÛRE QUE VOUS ÊTES DÉJÀ TOMBÉ AMOUREUX ET QUE VOUS VOUS ÊTES PRIS UN RÂTEAU !

EUH...

AH !

AVEZ-VOUS DÉJÀ EU UNE HISTOIRE D'AMOUR ?

MADAME POUFFE...

COMME QUOI, IL LUI ARRIVE PARFOIS DE DIRE DES TRUCS VACHEMENT SÉRIEUX.

OUI, ÇA NOUS INTÉRESSE.

... PARLEZ-NOUS DES HOMMES QUE VOUS AVEZ SÉDUITS.

LA FERME, SALES GOSSES !!

VENANT D'ELLE, JE TROUVE ÇA ARROGANT.

PAR EXEMPLE, LORSQUE J'AVAIS 17 ANS...

MAIS DITES-VOUS BIEN QUE DES ENFANTS COMME VOUS RISQUENT D'ÊTRE CHOQUÉES.

HU ! HU... ENTENDU.

FUP ご"く·····

FUP ご"く·····

QUOI ?
VOUS N'AVEZ
QUE 20 ANS,
MADAME
POUFFE ?!

HÉ !
QUI A DIT
QUE J'ÉTAIS
UNE VIEILLE
SORCIÈRE ?!

OUI, MES
CHARMES
M'ONT
TOUJOURS
PERMIS
D'AVOIR
UNE VIE
RICHE ET
MOUV...

AVEC TOUTE
L'EXPÉRIENCE
QUE
VOUS AVEZ,
JE VOUS
CROYAIS
PLUS
ÂGÉE.

OUI,
MOI
AUS-
SI.

UNE
VIEILLE
SORCIÈRE
D'À PEINE
20 ANS...

CONTRAI-
REMENT
À MOI...

LA BEAUTÉ
D'UNE
FEMME
N'EST PAS
ÉTERNELLE.

SOYEZ-EN
RECON-
NAIS-
SANTES
ET FAITES DE
VOTRE MIEUX
POUR DEVENIR
DES FEMMES
EXEMPLAIRES.

... VOUS
ÊTES NÉES
DANS UN
PAYS OÙ
LE DANGER
N'EXISTE
QUASIMENT
PAS.

CROC
POR'I
POR'I

* SENMAIZUKE (LÉGUME SAUMURÉ) SPÉCIALITÉ DE KYOTO.

IL A PRIS DES NOTES ET IL S'EST BARRÉ !!

TUEZ-LE !!

REVIENS, FOUTU POULPE !!

C'EST UNE ATTEINTE À NOTRE VIE PRIVÉE !!

SI JE SUIS SI RAPIDE, C'EST JUSTEMENT POUR POUVOIR RÉCUPÉRER CE GENRE D'INFORMATION.

GNUH! HU! HU!

OH ! TU AS DES GOÛTS SURPRENANTS.

POURQUOI ELLE ?

HMM...

JE DIRAIS PEUT-ÊTRE OKUDA.

C'EST QUI, TA FILLE PRÉFÉRÉE DE LA CLASSE ?

TOUT LE MONDE A RÉPONDU. TU N'Y ÉCHAPPERAS PAS.

...

IL FAUT À TOUT PRIX ÉVITER QUE CES DEUX-LÀ SE METTENT ENSEMBLE.

AVEC ELLE, MON RÉPERTOIRE DE MAUVAISES FARCES S'ÉLARGIT.

... PEUT CONFECTIONNER DU CHLOROFORME ET DES POTIONS SUPER-CHELOU.

CETTE NANA...

LES FILLES ET KORO NE DOIVENT SURTOUT PAS ÊTRE AU COURANT...

... LES RÉSULTATS DE CE VOTE DOIVENT RESTER SECRETS.

J'IMAGINE QUE LA PLUPART D'ENTRE NOUS NE VEULENT PAS QUE ÇA SE SACHE.

BON ! LES GARS...

COMME ON POUVAIT S'EN DOUTER, KANZAKI ARRIVE EN TÊTE.

OUI. C'EST NORMAL, TOUT LE MONDE L'AIME BIEN.

BAH ! EN FAIT...

HÉ, SUGI-NO !

C'EST GRÂCE À TOI QU'ELLE EST DANS VOTRE GROUPE. T'EN ES OÙ AVEC ELLE, VIEUX ? RACONTE UN PEU !

CLASSEMENT DES FILLES

CRITÈRES
• CARAC
• VISA
• PO

KANZAKI

YADA

KURAHASHI

KAYANO

KATA

VRAANK

ガララ

* LAIT AU CITRON.

TU TOMBES BIEN, KARMA.

OH !

ÇA A L'AIR COOL CE QUE VOUS FAITES, DITES DONC.

... ET J'AI PAS PU TROUVER UNE SEULE SECONDE POUR DISCUTER TRANQUIL-LEMENT AVEC ELLE.

... ON A EU QUELQUES IMPRÉVUS...

... IL PARAIT QUE VOUS VOUS ÊTES RETROUVÉS DANS UNE SACRÉE GALÈRE.

OUAIS...

POUR SORTIR DE VOTRE BAIN, VOUS SEREZ OBLIGÉ DE PASSER DEVANT NOUS...

... ET, MÊME SI ON NE PEUT PAS VOUS TUER, ON VOUS VERRA TOUT NU !

DU POULPE EN GELÉE !!

ÇA, J'EN DOUTE FORT.

BLOUP

ぬぽん

...

NAKAMURA... JE CROIS QU'ON EST VENUS MATER POUR RIEN.

IL S'EST ENFUI PAR LA FENÊTRE...

SBLUP

ちゅるん

BON ! RÉUNION DANS LA CHAMBRE, LES GARS.

OUAIS...

... MAIS ON N'EN SAIT PAS PLUS SUR M. KORO.

CE VOYAGE NOUS PERMET DE MIEUX NOUS CONNAÎTRE LES UNS LES AUTRES...

... EST EN TRAIN DE PRENDRE SON BAIN.

LE PROPRIÉTAIRE DE CES VÊTEMENTS...

VOIS-TU OÙ JE VEUX EN VENIR ?

カポ TADAM

ドクーン BOBOM

... DE VOIR À QUOI RESSEMBLE NOTRE PROF SANS SES VÊTEMENTS.

BOBOM ドクーン

C'EST L'OCCASION OU JAMAIS...

BOBOM ドクーン

BOBOM ドクーン

CONNAÎTRE SA MORPHOLOGIE POURRA NOUS ÊTRE UTILE POUR L'ASSASSINER.

OU BIEN PEUT-ÊTRE A-T-IL UN TORSE ?

PEUT-ÊTRE QUE SA TÊTE NE REPOSE QUE SUR DES TENTACULES ?

カララ… VSHAAK!

...

フリ

J'AI DU MAL À CROIRE QUE L'ON PUISSE VOULOIR MATER UN TRUC AUSSI DÉGOÛTANT.

EN PLUS, NOTRE CLASSE N'A QUE DEUX GRANDES CHAMBRES, UNE POUR LES GARÇONS ET UNE POUR LES FILLES...

... ALORS QUE, DANS LES AUTRES CLASSES, ILS ONT TOUS DES CHAMBRES POUR TROIS OU QUATRE PERSONNES.

C'EST PLUS ANIMÉ COMME ÇA.

CETTE AUBERGE EST TOUTE DÉLABRÉE.

男湯

CHUT!!

NAKA-MU-RA...

QU'EST-CE QUE VOUS FAITES ?

* BAIN HOMMES.

男

FWUP

JETEZ PLUTÔT UN COUP D'OEIL SUR ÇA.

CE N'EST PAS UN BOULOT.

MAIS C'EST LE BOULOT DES GARÇONS, ÇA !

VOUS MATEZ ?

ON EST EN TRAIN DE MATER.

DEVINE !

JE CRAINS QUE NOTRE PLAN D'ASSASSINAT À KYOTO NE SOIT COMPROMIS.

LA PLUPART DES SNIPERS ONT REFUSÉ CE TRAVAIL EN RÉALISANT LA DIFFICULTÉ DE LA MISSION.

ET LE SEUL QUI A ACCEPTÉ A ABANDONNÉ EN COURS DE ROUTE.

AVEC PLAI-SIR !

MAIS ATTENTION : JE SUIS IMBAT-TABLE.

INUTILE DE CHAMBOULER PLUS LONGTEMPS LEUR VOYAGE SCOLAIRE.

À PRÉSENT, MIEUX VAUT LES LAISSER PROFITER LIBREMENT DE LEUR SÉJOUR.

MON-SIEUR KARA-SUMA !

VOUS VENEZ JOUER AU PING-PONG ?

AUSSI BIEN POUR MON STYLE VESTIMENTAIRE QUE POUR MES LOISIRS ET MON PRESTIGE...

... QUE JE ME SOUCIAIS TROP DU REGARD DES AUTRES.

MAIS PEUT-ÊTRE...

... JE ME SUIS TOUJOURS LAISSÉ INFLUENCER ET ENTRAÎNER PAR LES AUTRES, SI BIEN QUE J'AI FINI PAR PERDRE TOUTE CONFIANCE EN MOI.

... C'ÉTAIT D'ÊTRE MOI-MÊME, DE REGARDER DEVANT MOI ET DE PERSÉVÉRER.

MAIS M. KORO M'A PERMIS DE RÉALISER CE QUI ÉTAIT VRAIMENT IMPORTANT...

ELLES SEMBLENT AVOIR LE CŒUR LÉGER.

ELLE A PROBABLEMENT DÛ AVOIR UNE DISCUSSION AVEC KAYANO LORSQU'ELLES SE SONT FAIT ENLEVER.

KANZAKI A RÉVÉLÉ UN VISAGE QUE JE NE SOUPÇONNAIS PAS.

PLOUM
ピ゛ュ゛ン゛

SBABABAM

LA VACHE !

BABABAM

COMMENT TU FAIS POUR ÉVITER TOUS CES TIRS ?! T'ES RUDEMENT BALÈZE, DIS DONC !

PIOUM

ヒュ

PIOUM

Leçon 19 CURIOSITÉ, QUAND TU NOUS TIENS !

JE NE SAVAIS PAS QUE TU ÉTAIS SI FORTE AUX JEUX VIDÉO, KANZAKI.

ÇA ALORS !

TU JOUES AVEC TANT DE GRÂCE, TANT D'AISANCE, ET TOUT EN SOURIANT. UNE PRO ! TU ES UNE VRAIE PRO !!

HA ! HA ! JE SUIS UN PEU GÊNÉE PAR TANT DE COMPLIMENTS.

SALLE DE JEUX

← CHANGE

JE GARDAIS ÇA POUR MOI.

CE GENRE DE CHOSE EST MAL VU DANS NOTRE ÉCOLE.

ZBAM

PIOUM PIOUM

ヒュ

PASH ! PASH ! PASH ! TLIK !

C'EST SEULEMENT UNE FOIS DEVENU ADULTE
QUE J'AI COMPRIS LA BEAUTÉ DU GINKAKU-JI
(LE PAVILLON D'ARGENT).

LORSQUE J'ÉTAIS GAMIN, JE PENSAIS QUE LES GENS
DE L'ÉPOQUE N'AVAIENT PAS EU LES MOYENS D'ACHETER DE LA FEUILLE
D'ARGENT POUR COUVRIR LE PAVILLON.

COMMENT ? TU ABANDONNES DÉFINITIVEMENT LA MISSION ?

OUI.

DÉSOLÉ.

IL M'A PRIS LA SUBITE ENVIE DE FAIRE UN PEU DE TOURISME ET DE PROFITER DE CETTE VILLE.

...

JE NE VEUX PLUS ÊTRE OBSÉDÉ PAR UNE SEULE COULEUR.

JE VEUX EN DÉCOUVRIR D'AUTRES.

JE SUIS UN TUEUR QUI MANQUE ENCORE D'EXPÉRIENCE.

JE ME DEMANDE QUELLES COULEURS JE VAIS APERCEVOIR AUJOURD'HUI DANS MON VISEUR.

EN AVANT !

EN APPRENANT À CONNAITRE LES GENS ET LA RÉGION...

PASH

PASH

... LES ÉLÈVES ONT, PAR LE BIAIS DE LEUR MISSION D'ASSASSINAT, ACQUIS DE NOMBREUSES CONNAISSANCES.

ET C'EST POUR CELA QUE J'AI ÉNORMÉMENT DE PLAISIR À ÊTRE LEUR CIBLE.

NON SEULEMENT TU AS UN CORPS ÉTRANGE, MAIS EN PLUS, TU ES COMPLÈTEMENT SIPHONNÉ.

...

ET QUI PLUS EST, UN EXCELLENT PROF.

... COMMENT UNE TELLE CRÉATURE PEUT ÊTRE PROF.

C'EST À SE DEMAN-DER...

FUUH FUUH

GRÂCE À TOI, CE VOYAGE SCOLAIRE EST TRÈS AMUSANT.

JE TENAIS SIMPLEMENT À TE REMERCIER.

...?

POURQUOI TE TUERAIS-JE ?

MÂCHE
はふ
はふ
MÂCHE

ILS ONT FAIT DES RECHERCHES SUR LA GÉOGRAPHIE, LA TOPOGRAPHIE, LES LIEUX INTÉRESSANTS ET L'HISTOIRE DE LA VILLE.

EN CHERCHANT UN ENDROIT OÙ TU POURRAIS TE POSITIONNER ET M'ABATTRE...

... LES ÉLÈVES EN ONT APPRIS PLUS SUR KYOTO QU'ILS N'EN AURAIENT APPRIS EN TEMPS NORMAL.

GLUP
ゴクン

キラッ
CLING

IL EST INUTILE D'AVOIR UN BON CHAMP

ET PEU DE PERSONNE

... ILS ONT PU DÉCOUVRIR LES CHARMES DE CETTE MAGNIFIQUE ANCIENNE CAPITALE.

AUTREMENT DIT...

ALORS, COMME ÇA, TU SAVAIS QUE JE TENTERAIS DE T'ABATTRE ET TU AS PRIS UN MALIN PLAISIR À JOUER AVEC MOI.

* YUDÔFU : TOFU BOUILLI. CUISINE TRADITIONNELLE DE KYOTO.

VAS-Y, TE GÊNE PAS.

DEPUIS LE TEMPS QUE JE FAIS CE BOULOT, JE ME SUIS PRÉPARÉ À AFFRONTER LA MORT.

BON, ET MAINTE-NANT ?

TU VAS ME TUER, C'EST ÇA ?

JE N'AVAIS ENCORE JAMAIS VU UNE CRÉATURE COMME TOI.

PAS ÉTONNANT QUE LE GOUVER-NEMENT M'AIT DEMANDÉ DE GARDER LE SILENCE.

BON SANG ! TU LE BOUFFES, CE TOFU, OUI OU NON ? ON VA PAS Y PASSER LA NUIT !!

Points faibles de M. Koro ⑪
Il ne peut pas manger chaud.

...

GWAAH !! MAIS QU'EST-CE QUE TU FAIS LÀ ?!

HM... C'EST TOI...

MERCI.

J'AI ACHETÉ CES ÉPICES À SANNENZAKA.

CA-DEAU !

... ET, ÉTANT DONNÉ QUE TU AS FAIT PAS MAL DE TOURISME AVEC NOUS AUJOURD'HUI...

... JE TENAIS À VENIR TE FAIRE UN PETIT COUCOU.

J'AI RÉGLÉ LE PROBLÈME AUQUEL MES ÉLÈVES ONT ÉTÉ CONFRONTÉS...

... C'EST LA PREMIÈRE FOIS QUE MA FIERTÉ EN PREND UN COUP.

DEPUIS HUIT ANS QUE J'EXERCE LE MÉTIER D'ASSAS-SIN...

C'EST D'AILLEURS DE LÀ QUE VIENT MON SURNOM "RED EYE".

JUSQU'À PRÉSENT, MON ŒIL A TOUJOURS VU LE SANG ROUGE DE MES CIBLES GICLER DANS MON VISEUR.

* FÉLICITATIONS.

?!

... MON ŒIL N'A VU DE ROUGE NULLE PART.

** PIMENT ROUGE.

MAIS, AUJOUR-D'HUI...

ALLÔ ?

AH ! C'EST VOUS, KARA-SUMA...

C'EST COM-ME SI...

... CETTE CRÉATURE ÉTAIT VENUE AU MONDE DANS LE BUT DE DÉCOURAGER TOUS LES ASSASSINS.

ELLE EST RAPIDE, ET SA DÉFENSE EST PARFAITE !!

VRRB VRRB

ENTEN-DU.

BIEN...

DE TOUTE FAÇON...

... JE COMPTAIS ME RETIRER.

?

DÉSOLÉ, MAIS ON VA DEVOIR INTERROMPRE LA MISSION D'ASSASSINAT POUR AUJOUR-D'HUI.

LE GROUPE 4 A DES PROBLÈMES AVEC DES ÉLÈVES D'UN AUTRE ÉTABLISSEMENT.

MISTER POULPE VA ALLER LES AIDER.

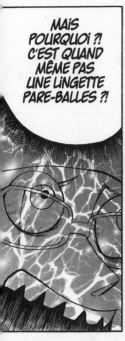

MAIS POURQUOI ?! C'EST QUAND MÊME PAS UNE LINGETTE PARE-BALLES ?!

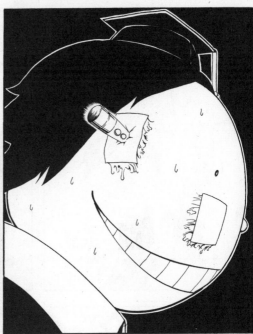

OH ! UN APPEL DU GROUPE DE NAGISA.

OUI, ALLO ?

OÙ ÊTES-VOUS ?

!!

CES LINGETTES...

... ONT ABSORBÉ TELLEMENT DE MUCUS...

... QU'ELLES PEUVENT STOPPER UNE BALLE !!

C'EST QUOI, CETTE BESTIOLE ?

BON SANG !

ねとぉ

BLUP

MON-
SIEUR
!

J'AI ACHETÉ DES LINGETTES POUR ÉPONGER LA SUEUR. VOUS VOULEZ ESSAYER ?

HMM...

PAS DE SOUCI. LAISSEZ-MOI VOUS ESSUYER.

ペタン
PLAC

= MARK

JE SUIS UN PEU GÊNÉ.

LA PAGODE DE YASAKA M'OFFRE UNE POSITION DE TIR IDÉALE.

... AU MOMENT OÙ LES ÉLÈVES CAPTERONT SON ATTENTION AVEC LES SOUVENIRS QU'ILS AURONT ACHETÉS.

キラッ
CLING

JE FERAI FEU LORSQUE LA CIBLE SE TROUVERA AU BOUT DE LA RUE DE SAN-NENZAKA...

ET VOI-LE TRA-VAIL !

BANG

EN PLEIN DANS LE MILLE ! CETTE FOIS, JE SUIS SÛR DE L'AVOIR EU !!

JE NE PENSAIS PAS QU'IL ÉTAIT RAPIDE À CE POINT !!

!!

SKRAC ベキ

IL EST EXTRÊMEMENT RAPIDE.

SES MOUVEMENTS DÉPASSENT L'ENTENDEMENT, MAIS TU NE DOIS PAS TE LAISSER DÉCONCENTRER.

14 H 20, GROUPE 3, JOURNÉE LIBRE

MOI, RED EYE, JE JURE SUR MON HONNEUR D'ABATTRE MA CIBLE !!

LA PROCHAINE FOIS, JE NE LE RATERAI PAS !!

TOUT CE QUI VOUS INTÉRESSE, C'EST DE VOUS GAVER DE PÂTISSERIES.

... DANS CE CAS, JE PROPOSE D'ALLER ACHETER DES SOUVENIRS DANS LA RUE DE NINEN-ZAKA !

EH BIEN...

ON A DÉJÀ TERMINÉ DEPUIS BELLE LURETTE LA VISITE DU TEMPLE KIYOMIZU.

TOUTES MES EXCUSES !

JE ME SUIS PRIS AU JEU EN IMITANT LES SAMOURAÏS, ET JE N'AI PAS VU LE TEMPS PASSER.

VOUS ÊTES EN RETARD, M'SIEU !

STAP

CETTE FOIS-CI, JE VAIS POUVOIR PRENDRE MON TEMPS POUR VISER.

BIEN...

AH ! MAIS QU'EST-CE QU'IL FOUT ?!

EN GARDE, BANDE DE CRAPULES ! LES FLEURS DE CERISIER SERONT BIENTÔT COUVERTES DE VOTRE SANG.

JE SUIS VENU PRÊTER MAIN-FORTE.

... ET IL A PRÉPARÉ UNE RÉPLIQUE BIEN CINGLANTE !!

IL EST EN TRAIN DE SE BATTRE AU SABRE AVEC LES ACTEURS !!

CE TYPE A MÊME CHANGÉ DE TENUE...

IL BOUGE TROP ! JE N'ARRIVE PAS À L'AVOIR DANS MON VISEUR !!

GRR...

TU ABATTRAS LA CIBLE PENDANT QU'ELLE SERA CAPTIVÉE PAR LE SPECTACLE.

ON A DEMANDÉ AUX ACTEURS DE METTRE LE PAQUET POUR ATTIRER L'ATTENTION SUR EUX.

SHKLING キン

SHKLANG キン

ILS ONT CERTAINEMENT DÛ BEAUCOUP S'ENTRAÎNER POUR DEVENIR AUSSI RAPIDES.

JE SUIS UN GRAND FAN DES COMBATS AU SABRE.

DE PRÈS, C'EST SUPER-IMPRESSIONNANT. ILS MANIENT LEUR SABRE À UNE VITESSE INCROYABLE !

HU ! HU ! HU...

PARFAIT ! TOUT SE DÉROULE COMME PRÉVU !

TAP TAP TAP TAP

ZIGUTE

LES MÉCHANTS SONT EN TRAIN DE DOMINER !!

OUAH ! ILS VIENNENT PAR ICI !!

... UN SPECTATEUR QUASIMENT IMMOBILE EST UNE CIBLE FACILE.

À CETTE DISTANCE...

HM ?

OÙ IL EST PASSÉ ?

IMPOS-SIBLE QUE JE LE RATE...

* YATSUHASHI : PÂTISSERIE JAPONAISE FOURRÉE À LA PÂTE DE HARICOTS ROUGES. SPÉCIALITÉ DE KYOTO.

MESDAMES, MESSIEURS, NOUS ALLONS NOUS ARRÊTER QUELQUES INSTANTS SUR LE PONT...

... AFIN QUE VOUS PUISSIEZ CONTEMPLER LES MAGNIFIQUES GORGES DE HOZUKYÔ.

KRRIIIISS...

D'APRÈS NOS RECHERCHES, LORSQUE LE TRAIN MARQUE UN ARRÊT SUR LE PONT, ON APERÇOIT SOUVENT DES EMBARCATIONS QUI DESCENDENT LA RIVIÈRE.

NOUS AVONS CONVENU AVEC LE SNIPER...

IL Y A UNE BARQUE SUR LA RIVIÈRE !!

OH !

REGARDEZ, MONSIEUR !

OÙ ÇA ? OÙ ÇA ?

OH !!

... DE FAIRE FEU AU MOMENT OÙ LA CIBLE SE PENCHERA À LA FENÊTRE POUR REGARDER LA BARQUE.

9 H 30, GROUPE 1, JOURNÉE LIBRE

FWWOOOOH

C'EST SUPER-IMPRESSIONNANT DE ROULER DANS UN TRAIN SANS FENÊTRES !!

WOUAAAH !!

C'EST PAS TRÈS CRÉDIBLE D'ENTENDRE ÇA DE LA BOUCHE D'UN TYPE QUI SE DÉPLACE À MACH 20.

EN PLUS, CE TRAIN FILE À 25 KM/H. LA VITESSE EST GRISANTE !

AU MOINS, COMME ÇA, JE N'AI PAS MAL AU CŒUR.

GLUP

C'EST LÀ QUE SERA ABATTUE NOTRE CIBLE.

NOUS AVONS CHOISI DE NOUS RENDRE DANS UN LIEU CÉLÈBRE SITUÉ À SAGANO, SUR LA LIGNE DU PETIT TRAIN TOROKKO.

DE10 1104

APRÈS ÇA, RYÛKI A REDOUBLÉ SON ANNÉE.

ET UN AN PLUS TARD...

... LORSQU'IL EST RETOURNÉ À KYOTO
AVEC SA CLASSE, IL ÉTAIT DEVENU
"LE ROI DES VOYAGES SCOLAIRES".

APRÈS CE QUE TU VIENS DE VIVRE, TU DEVRAIS ÊTRE TOUTE BOULEVER-SÉE...

HEIN...?

QUE SE PASSE-T-IL, KANZAKI ?

FLÉCHETTES BILLARD

CHANGEMENT FERMÉ ACCÈS INTERDIT

MERCI.

TOUT VA BIEN, MONSIEUR.

... QUE TU SOIS SOULAGÉE, COMME SI ON VENAIT DE TE RETIRER UN GROS POIDS.

... MAIS IL SEMBLERAIT, AU CONTRAIRE...

NOUS AVONS POUR MISSION DE L'ABATTRE, MAIS IL Y A UN OS : NOTRE CIBLE...

DE RIEN.

SMILE

SMILE

GNUH ! HU ! HU ! BIEN, REMETTONS-NOUS EN ROUTE, LES ENFANTS, ET POURSUI-VONS NOTRE VOYAGE.

... EST UN PROFESSEUR SUR QUI NOUS POUVONS COMPTER QUOI QU'IL ARRIVE.

Guide des voyages scolai

* ARMES = GUIDES.

QU'UN POISSON VIVE DANS UN COURS D'EAU LIMPIDE OU DANS UNE RIVIÈRE BOUEUSE...

... S'IL NAGE DROIT DEVANT LUI, IL GRANDIRA ET DEVIENDRA UN MERVEILLEUX POISSON.

FRÉQUENTER UNE ÉCOLE PRESTIGIEUSE OU AVOIR UN BON STATUT SOCIAL N'A RIEN À VOIR AVEC TOUT ÇA.

... IL EST TEMPS D'ASTIQUER UN PEU CES ZIGOTOS.

BIEN, MES CHERS ÉLÈVES...

!!

... LES RUDIMENTS DES VOYAGES SCOLAIRES.

FWUP
!!/...

APPRENONS-LEUR...

EUH...

J'AI DÛ RECOURIR À LA VIOLENCE...

POURQUOI CACHEZ-VOUS VOTRE VISAGE AVEC CE VOILE ?

... ET JE NE VOUDRAIS PAS QUE MON VISAGE SOIT ASSOCIÉ À CELUI D'UN PROFESSEUR VIOLENT.

Points faibles de M. Koro ⑩
Il se soucie des apparences.

FWOUP

DÉSOLÉ POUR LE RETARD, LES ENFANTS.

JE VOUS AI LAISSÉS VOUS OCCUPER DE CET ENDROIT...

... PENDANT QUE JE ME CHARGEAIS D'ÉCRASER LE RESTE DE LA VERMINE.

UN...

UN PROF ?!

A!! DASH

SALE ENFOIRÉ !!

ON VA T'ESQUIN-TER LE PORTRAIT !!

J'AI PU VOUS RETROUVER RAPIDEMENT...

... GRÂCE À NAGISA QUI AVAIT PRIS SOIN D'EMPORTER MON GUIDE DE VOYAGE.

DORÉNAVANT, JE VOUS DEMANDERAI D'AVOIR TOUJOURS VOTRE EXEMPLAIRE SUR VOUS.

PFF ! ...

TU VAS PAS FAIRE LE MALIN LONG-TEMPS, GAMIN.

TOP ド゛ガ
TOP ド゛ガ
TOP ド゛ガ

VOUS AVEZ POUSSÉ LE BOUCHON TROP LOIN.

VOUS ALLEZ TOUS TERMINER VOTRE VOYAGE SCOLAIRE À L'HOSTO.

ET JE PARIE QUE DE GENTILS PETITS ENFANTS COMME VOUS...

... N'ONT ENCORE JAMAIS VU DES VOYOUS COMME EUX.

À PRÉSENT, ON EST DIX CONTRE VOUS.

J'AI APPELÉ DES POTES.

T-KRRIIII

KRIII

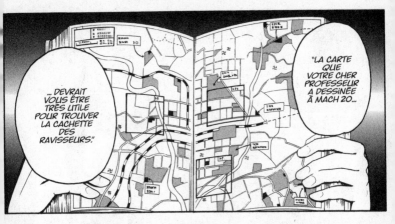

"LA CARTE QUE VOTRE CHER PROFESSEUR A DESSINÉE À MACH 20...

...DEVRAIT VOUS ÊTRE TRÈS UTILE POUR TROUVER LA CACHETTE DES RAVISSEURS."

OLI...

...

IL EST INCROYABLE, CE GUIDE !

!!

J'AI BIEN FAIT DE L'EMPORTER.

TOUT EST PARFAITEMENT EXPLIQUÉ POUR FAIRE FACE À UN KIDNAPPING !!

C'EST QUOI, CE GUIDE ?!

...QU'EST-CE QU'ON FAIT MAINTENANT ?

BON ! ALORS, LES GARS...

"... QUE CE SOIENT EUX AUSSI, DES ÉLÈVES EN VOYAGE SCOLAIRE..."

"IL EST FORT PROBABLE..."

"... ET QU'ILS SE LIVRENT À DES ACTES DE DÉLINQUANCE DURANT LEUR SÉJOUR."

Guide des voyages scolaires

BANDE D'ENFOI-RÉS !

QUE ...?!

COMMENT VOUS NOUS AVEZ RETROUVÉS ?

VOUS ÊTES TOUS LÀ !!

"DANS CE CAS, RENDEZ-VOUS À LA PAGE 134 DE L'ANNEXE."

"ILS ONT DONC PROBABLEMENT CHERCHÉ UN ENDROIT À L'ABRI DES REGARDS."

FLÉCHETTES BILLARD

ÉTABLISSEMENT FERMÉ
ACCÈS INTERDIT

"... NE PEUVENT PAS S'ENFUIR BIEN LOIN."

"DES TYPES QUI NE CONNAISSENT PAS LA RÉGION..."

?!

GNUK ピク..

ピク..GNUK

... COMMENCEZ PAR ANALYSER LEUR SUJET DE DISCUSSION ET LEUR ACCENT...

"SI VOUS IGNOREZ QUI SONT LES KIDNAPPEURS...

Guide des voyages scolaires

... AFIN D'EN DÉDUIRE S'ILS SONT DE LA RÉGION OU NON."

SBOM
ドシャッ

パラパラ FLAP

"SI CE NE SONT PAS DES LOCAUX ET S'ILS PORTENT UN UNIFORME SCOLAIRE, RENDEZ-VOUS À LA PAGE 1244."

"QUE FAIRE LORSQU'UN MEMBRE DE VOTRE GROUPE S'EST FAIT KIDNAPPER ?"

PAGE 1243 DU GUIDE DES VOYAGES SCOLAIRES...

LORSQUE VOUS RETOURNEREZ À VOTRE HÔTEL...

... VOUS DIREZ QUE VOUS ÉTIEZ SIMPLEMENT EN TRAIN DE VOUS AMUSER AU KARAOKÉ.

TOUT LE MONDE SERA SOULAGÉ, ET L'AFFAIRE SERA CLASSÉE.

J'AI APPELÉ UNE DIZAINE DE POTES...

... ET ON VA TOUS PRENDRE UN PEU DE BON TEMPS AVEC VOUS JUSQU'À CE SOIR.

PW@F

ET UNE FOIS DE RETOUR À TOKYO, ON IRA ENCORE S'AMUSER TOUS ENSEMBLE...

... ET ON MATERA LES JOLIES PHOTOS DE NOTRE MERVEILLEUX VOYAGE À KYOTO.

LES PHOTO-GRAPHES SONT ARRIVÉS.

COOL...

LES VOILÀ !

...!

... ET...

... LES FAIRE REDESCENDRE DE LEUR PETIT NUAGE.

NOTRE TRUC, C'EST FOUTRE LE BORDEL DANS LA VIE DE CEUX QUI SE PRENNENT POUR LES ÉLITES...

... ON LES KIDNAPPE...

... ET ON LES TORTURE DE SORTE QU'ELLES GARDENT À VIE DES SÉQUELLES MORALES ET PHYSIQUES.

ET LES MEUFS QUI SORTENT DU LOT ET QUI SEMBLENT AVOIR RÉUSSI DANS LA VIE...

LES HOMMES D'AFFAIRES DANS LEUR BEAU COSTARD, ON LES REMET À LEUR PLACE...

... EN UTILISANT UNE NANA POUR LES ACCUSER DE S'ÊTRE LIVRÉS À DES ATTOUCHE-MENTS.

ON S'EST DÉJÀ LIVRÉS À CE GENRE DE PETITS JEUX UN BON NOMBRE DE FOIS.

APPELEZ-NOUS LES "APÔTRES DE LA DÉPRAVATION".

JE VOULAIS M'ÉLOIGNER DE CETTE VIE OÙ SEUL COMPTAIT LE PRESTIGE.

MON PÈRE A TOUJOURS ÉTÉ TRÈS SÉVÈRE.

J'EN AVAIS ASSEZ DE PORTER MA TENUE D'ÉCOLIÈRE.

ALORS, J'AI CHANGÉ DE STYLE ET JE SUIS ALLÉE M'AMUSER DANS DES LIEUX OÙ IL N'Y AVAIT PERSONNE QUE JE CONNAISSAIS.

... ET QUE J'OBTIENNE UN TITRE IMPORTANT.

IL VOULAIT À TOUT PRIX QUE J'AIE DE BONS RÉSULTATS À L'ÉCOLE, QUE JE TROUVE UN TRAVAIL SÛR...

AUJOURD'HUI, JE NE SAIS PLUS OÙ EST MA PLACE.

QUELLE IDIOTE !

LE SEUL TITRE QUE J'AI OBTENU EN ME DÉVERGONDANT AINSI, C'EST CELUI D'"ÉLÈVE DE LA CLASSE DES ÉPAVES".

... ON N'EN A RIEN À TAPER DES TITRES POMPEUX ET DU PRESTIGE !

NOUS NON PLUS...

ET SI TU DEVENAIS L'UNE DES NÔTRES ?

M. KORO EST TRÈS ATTACHÉ AUX DÉTAILS.

HA ! HA ! HA !

JE N'AVAIS ENCORE JAMAIS VU UN GUIDE DE VOYAGE AUSSI POINTU.

"SI UN MEMBRE DE VOTRE GROUPE SE FAIT KIDNAP-PER"...?

Si un membre de votre groupe se fait kidnapper

En voyage, nul n'est à l'abri d'une mauvaise rencontre. Veuillez rester sur vos gardes.

↑ Scène de kidnapping

Guide des voyages scolaires

À GRÂCE À LUI, JE ME SENS UN PEU PLUS RASSURÉ.

N'EM-PÊCHE QUE...

"COMMENT SE REMETTRE D'UN CHOC APRÈS AVOIR DÉCOUVERT QU'UN SOUVENIR QUE VOUS AVEZ ACHETÉ À KYOTO EST EN FAIT AUSSI VENDU DANS LES GRANDS MAGASINS DE TOKYO"...

IL A VRAIMENT PENSÉ À TOUT.

Don't cry...

MAIS JUSQU'OÙ VA SON IMAGINA-TION ?!

Dites-vous que vous n'avez pas acheté un simple objet, mais un souvenir qui vous permettra de garder en mémoire une merveilleuse expérience.

TOUT CE QUE NOUS AVONS À FAIRE EST ÉCRIT DANS CE GUIDE.

"COMMENT VOUS CONSOLER SI VOUS VOUS SENTEZ SEUL EN VOYANT DES COUPLES FLIRTER AU BORD DE LA RIVIÈRE KAMO"...

C'EST PAS SES OIGNONS !!

Dites-vous que vous êtes un noble de la période de Heian. Les nobles ne courtisaient jamais les femmes en public. Il n'y a donc rien d'anormal à ce que vous soyez seul.

VOUS POUVEZ CRIER. ICI, PERSONNE NE VOUS ENTENDRA.

ET ON VA FAIRE DE BELLES PHOTOS POUR MARQUER LE COUP.

... QU'ON VA BIEN SE MARRER !

JE SENS...

PLUS ON EST DE FOUS, PLUS ON RIT, PAS VRAI ?

ON S'EST DONC DIT QUE CE SERAIT BIEN D'APPELER DES POTES.

Leçon 17 **LE GUIDE DE VOYAGE**

L'ÉTRANGE CRÉATURE QUI A DÉTRUIT LA LUNE...

... EST, POUR UNE RAISON INCONNUE, DEVENUE NOTRE PROFESSEUR...

Leçon 17 **LE GUIDE DE VOYAGE**

... ET NOUS AVONS POUR MISSION DE L'ASSASSINER.

QUOI QUE L'ON FASSE, CETTE CRÉATURE RESTE UNE CIBLE IMPOSSIBLE À ABATTRE.

MAIS IL Y A UN OS.

DE PLUS, UN AUTRE PROBLÈME EST VENU S'AJOUTER AU TABLEAU...

ASSASSINATION CLASSROOM ❸ SOMMAIRE

ONAIS

rcice 1 : Veuillez écrire la lecture des kanji soulignés.

催し物を行う (2) 匿名を希望する (3) 手を (4) 感極まる (5) 挿絵付きの書籍

xercice 2 : Veuillez écrire en kanji les katakana soulignés.

) 仕事を
3) 性格が

Exercice
verbale d

(1) もはや
(2) なかな

Exercice

てっともま
に相談す
たら、もう
我慢だ」

| Année | 3 | Classe | E | Nom | SOMMAIRE | Note | |

TAIGA OKAJIMA

pick up!

Il affiche un air d'obsédé, et c'est effectivement un vrai pervers. Les discussions sur les filles, c'est son rayon.

KARMA AKABANE

Élève de la classe E. Vif d'esprit et très rusé, il est le seul à avoir réussi à blesser M. Koro.

Tout le monde a obtenu des résultats en hausse lors de l'examen de milieu de trimestre !!
À cause d'une ruse du proviseur, les élèves de la classe E n'ont pas pu atteindre leur objectif : se classer parmi les cinquante meilleurs élèves de l'école. Mais, grâce aux cours de M. Koro, ils ont tous progressé, et leurs résultats sont améliorés. Ils sont à présent bien déterminés à prendre leur revanche à la fin du trimestre et à épater tout le monde !!

Courage !

YUKIKO KANZAKI

Élève de la classe E. C'est un peu la madone de la classe, et tout le monde l'aime bien. Durant le voyage scolaire, Kayano et elle se sont fait enlever par des élèves d'une autre école.

IRINA POUFANOVITCH

Tueuse professionnelle engagée comme professeur d'anglais de la classe E. Elle utilise ses charmes et son habile maîtrise de l'art oratoire pour approcher ses cibles, mais son plan d'assassinat de M. Koro a avorté.

TADAOMI KARASUMA

Agent du ministère de la Défense. Devenu le professeur d'EPS de la classe E, il apporte son soutien aux élèves en les initiant aux techniques d'assassinat. Il est également chargé de guider les tueurs professionnels envoyés en renfort.

GAKUHŌ ASANO

Proviseur de l'école de Kunugigaoka. C'est un puissant dictateur, rationaliste à l'extrême, qui a fait de son établissement l'un des plus prestigieux du pays.

ET L'ANNÉE
PROCHAINE,
JE PRÉVOIS
DE FAIRE
SAUTER
LA TERRE.

C'EST MOI
QUI AI FAIT
EXPLOSER
LA LUNE.

JE SUIS
VOTRE
PROFESSEUR
PRINCIPAL.

LE JOURNAL DE KORO

UNE ÉTRANGE CRÉATURE A ANNONCÉ LA DESTRUCTION DE LA TERRE ET ELLE EST DEVENUE NOTRE PROFESSEUR PRINCIPAL !!

MAI

Édité par la classe 3-E

RÉSUMÉ

a Lune a explosé tout à coup, et 70 % de sa surface ont été réduits
n poussière.

Une étrange créature, qui a déclaré être l'auteur de cette destruction
t qui a prévu de faire connaître le même sort à la Terre au mois de
mars de l'année prochaine, a débarqué soudainement dans une salle
de classe du collège de Kunugigaoka et a annoncé, à la surprise géné-
rale, être le nouveau professeur.

Comme l'armée elle-même n'arrive pas à se débarrasser de ce
monstre doté de capacités qui dépassent l'entendement humain, les
chefs d'État des différents pays de la planète ont été contraints de
demander aux élèves de la classe 3-E de perpétrer l'assassinat de
cette créature devenue leur professeur. Et la récompense à la clé est
de dix milliards de yens !

Les élèves de la classe 3-E, surnommée "la classe des Épaves",
pourront-ils assassiner leur professeur, M. Koro, avant la fin de
l'année scolaire…?!

M. KORO

Les élèves ont baptisé cette mystérieuse créature "Koro-sensei" :
M. Koro, le professeur immortel, car personne n'est en mesure de
tuer (korosenai) ce professeur (sensei). M. Koro peut se déplacer
à Mach 20, ses tentacules possèdent des capacités infinies, et il

IL SE LAISSE FACILEMENT CHARMER !

est invulnérable à toutes les
attaques lancées contre lui.
La raison pour laquelle il a
voulu devenir professeur de la
classe 3-E est encore obscure,
mais il s'est révélé être un
excellent professeur, extrêmement compétent.

SEMBLE QU'ELLE AIT UN COMPLEXE !!

NON
AUX GROS
NICHONS

KAEDE KAYANO

Élève de la
classe E. C'est
elle qui a trouvé
le surnom de
M. Koro. Dans
la classe, elle
est assise à
côté de Nagisa,
avec qui elle
semble très
bien s'entendre.

NAGISA SHIOTA

Élève de la classe E.
Très doué pour la
collecte d'infor-
mations, il inscrit
soigneusement
dans son carnet de
notes tous les points
faibles de M. Koro.

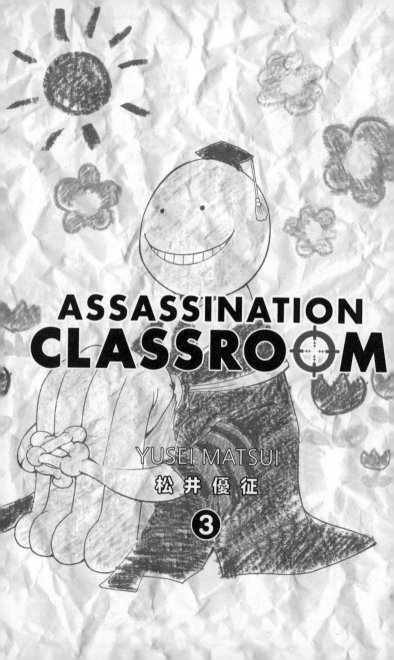